Almut Bockemühl

Märchen und Rosenkreuzer

W0333215

Almut Bockemühl

Märchen und Rosenkreuzer

Verlag am Goetheanum

Der Verlag am Goetheanum im Internet: www.vamg.ch

Einbandgestaltung von Wolfram Schildt, Berlin, unter Verwendung von Flammarions Holzstich «*Au pèlerin*» (Wanderer am Weltenrand) (Künstler unbekannt)

© 2015 Verlag am Goetheanum, CH – 4143 Dornach
Satz: Höpcke, Hamburg
Druck und Bindung: CPI books GmbH, Leck

ISBN 978-3-7235-1519-8

Inhaltsverzeichnis

Was gewollt ist

Anlass zur Entstehung dieses Buches war vor allem meine Liebe zum Volksmärchen und die langjährige Beschäftigung damit, dazu auch mein Wunsch, dass die Volksmärchen nicht immer als Kindergeschichten abgetan und in das Feld der Pädagogik verwiesen, sondern in ihrer Bedeutung für erwachsene Menschen der Gegenwart dargestellt werden möchten. Dies war schon ein Anliegen von Jacob Grimm, der in einem Brief an Achim von Arnim schrieb: «Ich hätte nicht mit Lust daran gearbeitet, wenn ich nicht des Glaubens wäre, dass es den ernstesten und ältesten Leuten so gut wie mir für Poesie, Mythologie und Geschichte wichtig werden und erscheinen könnte.» Der Titel «Kinder- und Hausmärchen» war ein Zugeständnis an das breite, nicht wissenschaftlich gebildete Lesepublikum. Für den Zugang zu dem vorliegenden Buch könnte man zu den drei Fachgebieten Jacob Grimms – Poesie, Mythologie und Geschichte – noch hinzufügen: Anthroposophie.

Die Anthroposophie Rudolf Steiners ist der Boden, aus dem meine Arbeit gewachsen ist. Dieser hat zwar keinen Märchenkurs gegeben – man hätte ihn wohl danach fragen müssen –, aber doch einige Vorträge zu dem Thema gehalten und verschiedentlich Äußerungen dazu getan.[1] Auch diese betreffen selten die Pädagogik. Um Märchen für Kinder sinnvoll einsetzen zu können, muss man ja erst einmal selbst ihre Bedeutung und Tiefe verstehen.

Der wichtigste Vortrag Rudolf Steiners zum Märchenthema ist zweifellos der am 10. Juli 1911 in Berlin gehaltene mit dem Titel «Rosenkreuzerisches Weistum in der Märchendichtung».[2] Im Sommer zuvor hatte die Uraufführung des zweiten *Mysteriendramas* stattgefunden, in dem es eine Szene gibt, die darstellt, dass die mittelalterlichen Tempelritter unter anderem auch dadurch wirkten, dass sie dem Volk Märchen erzählten. In der einige Wochen davor gehaltenen Vortragsreihe *Die Tempellegende und die Goldene Legende*[3] heißt es: «Die Rosenkreuzer sind nichts anderes als die Fortsetzer des Templerordens, sie wollten nichts anderes als die Tempelritter und was auch die Theosophie (bzw. Anthroposophie) will: sie alle arbeiten am großen Tempel der Menschheit.»

In dem oben genannten Vortrag über das *Rosenkreuzerische Weistum in der Märchendichtung* nannte Steiner die im Lande herumwandernden Märchenerzähler «Rhapsoden». Wir dürfen uns das Erzählen in jener Zeit wohl als eine Art Sprechgesang vorstellen. Dazu führte er aus: «Wo war das Zentrum dieser Rhapsoden? Wo hatten sie gelernt, solche Bilder vor die Menschen hinzustellen? – In denselben Tempeln hatten sie es gelernt, die wir als die Schulen der Rosenkreuzer anzusehen haben. Sie waren Schüler der Rosenkreuzer.»

«Tempel» waren von alters her Orte, in denen Menschen eine Einweihung suchten. So ist die Mitteilung vom Ursprung der Märchen in den «Tempeln der Rosenkreuzer» nicht nur überraschend, sondern auch sehr schwerwiegend. Von anthroposophischen Märchenfreunden wird sie im Allgemeinen interessiert und erfreut zur Kenntnis genommen, ohne besonders hinterfragt zu werden, aber auch ohne die volle Tragweite dieser Aussage zu realisieren. Andererseits wird dieser Aspekt bei den gegenwärtig immer zahlreicher werdenden Publikationen über das Rosenkreuzertum von anthroposophischen Autoren, die sich nicht speziell mit Märchen befasst haben, schlicht übergangen. So ist es wichtig, dass das Thema einmal in den Mittelpunkt gestellt wird.

Mancher mag glauben, dieser Zusammenhang der Märchen mit den Einweihungswegen der Menschheit sei eine ausschließlich anthroposophische Theorie. Dem ist aber nicht ganz so. Der Märchenforscher Max Lüthi – bekannt durch seine interessanten sprachlich-stilistischen Untersuchungen – charakterisierte einmal den Unterschied von Sage und Märchen folgendermaßen: «Sage und Märchen, die jahrhundertelang nebeneinander im Volke gelebt haben, ergänzen einander. Sagen, die halb spontan, halb unter dem Einfluss einfacher Traditionen, im Volksmunde entstehen, stellen, so darf man sagen, die bange Frage: Was ist der Mensch, was ist die Welt? Märchen, deren Ursprung kaum beim einfachen Volk, sondern bei hohen Dichtern, vielleicht bei sogenannten Eingeweihten, bei Kultdichtern zu suchen ist, geben in gewisser Weise eine Antwort. In der Sage spürt man die Angst des Menschen, der, obwohl äußerlich in die Gemeinde seiner Mitmenschen eingefügt, sich doch im letzten einer unheimlichen, schwer deutbaren Welt gegenübersieht … Das Märchen aber zeichnet in seinem Helden das Bild dessen, der, ohne selber die letzten Zusammenhänge zu durchschauen, sicher durch die gefährliche, unbekannte Welt geleitet wird. Der Märchenheld ist der ‹Begabte› im eigentlichen Sinne des Wortes. Die Gaben der Jenseitigen strömen ihm zu und helfen ihm, Kämpfe und Gefahren bestehen.»[4]

Man kann wohl zusammenfassen: Im Weltbild des Märchens gibt es weder Diesseits noch Jenseits, beide liegen auf der gleichen Erzählebene. In der Anthroposophie nennt man diese Ebene die imaginative. Zur imaginativen Erkenntnis kommt man, indem man von etwas klar Begrifflichem ausgeht und dieses in ein Bildhaftes übergehen lässt. So kann man, wenn man sich einerseits gedanklich mit Anthroposophie beschäftigt, andererseits mit Märchen, zu einem erstaunlichen Zusammenklang der Aussagen kommen. Ich möchte behaupten, es gibt keinen anthroposophischen Gedanken, und sei er noch so spirituell, zu dem es nicht Parallelbilder in irgendeinem Volksmärchen gibt. Vielleicht hängt das damit zusammen, dass nach Rudolf Steiner alle Menschen, die sich in diesem Leben mit Anthroposophie beschäftigen, die gleichen Wahrheiten in einem früheren Leben als Märchen gehört haben. Da es grundlegend für anthroposophische Schulung ist, das für uns normale, abstrakte Denken in Bewegung zu bringen, es lebendig und bildhaft zu machen, ist die genannte Methode – die Parallelisierung geisteswissenschaftlicher Gedanken mit Märchenbildern – nicht nur wesentlich für die Märchenforschung, sondern ebenso für die Anthroposophie.

Es geht hier also nicht um eine Bilderdeutung durch das Hineininterpretieren der anthroposophischen Weltanschauung, sondern um eine Hilfe auf dem anthroposophischen Schulungsweg. Denn was ist Anthroposophie? Sie ist eine Wegbeschreibung für solche, die sich entschließen, bewusst eine innere Entwicklung anzustreben. Das kann aus Freiheit, aber auch aus einer inneren Notlage heraus geschehen. Solche Notlagen können sein: die Frage nach dem Sinn des Lebens, nach dem Leben nach dem Tode usw.

Und solche Wegbeschreibungen sind auch die Märchen. Es sind eigentlich immer Wege, die vom Märchenhelden gegangen werden müssen.

Rudolf Steiner hat ein halbes Jahr vor seinem Tod, schon auf dem Krankenlager, in den sogenannten *Anthroposophischen Leitsätzen* (GA 26), noch einmal ganz kurz formuliert, was er als Anthroposophie verstanden wissen wollte. Der erste Leitsatz lautet:

«Anthroposophie ist ein Erkenntnisweg, der das Geistige im Menschenwesen zum Geistigen im Weltall führen möchte. Sie tritt im Menschen als Herzens- und Gefühlsbedürfnis auf. Sie muss ihre Rechtfertigung dadurch finden, dass sie diesem Bedürfnisse Befriedigung gewähren kann. Anerkennen kann Anthroposophie nur derjenige, der in ihr findet, was er aus seinem Gemüte heraus suchen muss. Anthroposophen können daher nur Menschen sein, die gewisse Fragen über das Wesen des Menschen und der

Welt so als Lebensnotwendigkeit empfinden, wie man Hunger und Durst empfindet.»

Auch im Märchen soll das Geistige im Menschenwesen zum Geistigen im Weltall geführt werden. Fast immer verlässt jemand zu Beginn sein Zuhause und macht sich auf den Weg, manchmal aus einem Herzens- und Gefühlsbedürfnis, oft aber auch aus einer Notlage heraus: verstoßen von den Eltern, auf der Flucht vor der Stiefmutter, vom Tode bedroht von einem König, der einen wunderbaren Gegenstand oder eine schöne Königstochter vom Ende der Welt begehrt, manchmal auch Heilung suchend für einen alten kranken Vater und so fort. Jedenfalls sind es immer Wege, die erst gefunden werden müssen, die erst dadurch entstehen, dass sie gegangen werden.

Sie führen in eine Jenseitswelt und – nicht minder wichtig – auch wieder zurück, und bei dieser Reise wird ein unschätzbares Gut gewonnen.

Und wenn bei Kursen immer wieder die Frage auftaucht, was denn jetzt ein richtiges Rosenkreuzermärchen sei, so kann man nicht nur auf bestimmte Motive hinweisen, wie auf das Thema von Geistesschulung und Einweihung, Wege, die ins Seeleninnere, in den Mikrokosmos führen – im Zeichen der «Rose, die im Winter blüht» –, oder in die Weltenweiten, den Makrokosmos, bis ans Ende der Welt, auf den himmelhohen Baum oder den Glasberg; oder die Lehre von den Elementen, von den Metallstufen, auf die Wiedereinführung der Natur in das Christentum usw. Man kann getrost antworten: Alle Märchen, in denen man «Gedankenformen» der Anthroposophie findet, das heißt, die darstellen, wie das Geistige im Menschenwesen zum Geistigen im Weltall geführt wird, sind Rosenkreuzermärchen.

Märchen sind fixierte Erkenntnisimaginationen. Daher wird der zweite Teil dieses Buches darin bestehen, bestimmte Märchenbilder darzustellen und zu klären, inwiefern sie letztendlich Übungen auf dem anthroposophischen Erkenntnisweg sind. Dabei geht es darum, das Seelenleben intensiv auf die dort dargestellten sinnbildlichen Vorstellungen zu konzentrieren, das heißt auf Vorstellungen, die physisch unmöglich sind. Das ist bereits ein erster Schritt auf dem Weg in die geistige Welt. «Wer nicht vermag, mit Vorstellungen zu leben, die für den physischen Plan keine Wirklichkeit haben, der stirbt für die geistige Welt.»[5] «Am fruchtbarsten sind solche Bilder, welche sich in lebendiger Art zusammenfassend auf einen mannigfaltigen Inhalt beziehen.»[6]

Ich werde die Märchen, die ich zitiere, nicht immer als Ganzheit betrachten, was natürlich ein Mangel ist, denn Märchen sind nicht aus Einzelbildern und Episoden zusammengesetzt, sondern jedes Märchen ist ein Gesamtbild. Dieses kann man aber nicht immer vollständig im Bewusstsein halten, was bei einer Meditation nötig wäre. So werde ich Bilder auswählen, die zur Übung besonders geeignet sind. Auch Meditationssprüche wird man gelegentlich zeilenweise üben. Die Quellenangaben machen es dem Leser möglich, jeweils das ganze Märchen zuzuziehen.

Mit der Zeit wird man dann auch imstande sein, ein längeres Märchen *ganz* mit dem Bewusstsein zu umfassen, so wie Mozart sich gelegentlich über den Moment geäußert hat, in dem ihm eine bestimmte Symphonie eingefallen ist: Er sah sie offensichtlich als Ganze vor sich.

Die Brüder Grimm und der Impuls der Romantik

Zweihundert Jahre sind vergangen, seit die Brüder Jacob und Wilhelm Grimm die erste Fassung ihrer *Kinder- und Hausmärchen* herausbrachten. Man darf das wohl als ein besonderes historisches Ereignis bezeichnen, obwohl auch vorher schon Märchensammlungen im Druck erschienen waren. Zunächst in Italien, wo schon 300 Jahre vorher Giovanni Francesco Straparola (ca. 1480–1557) in seinen *Ergötzlichen Nächten* nach dem Muster von Boccacios *Dekameron*e eine Sammlung von Novellen, Anekdoten, Rätseln und auch Märchen herausbrachte. Hundert Jahre später erschien, ebenfalls in Italien, das *Pentamerone* von Giambattista Basile (1575–1632) mit geistreich-ironischen, barock verschnörkelten, märchenhaften Dichtungen. All dies ging letztlich zurück auf die morgenländischen Märchen von *Tausendundeine Nacht* und diente vor allem zur Unterhaltung an den Fürstenhöfen.

Weitere Wegmarken sind Charles Perrault (1628–1703) in Frankreich und Johann Karl August Musäus (1735–1787) in Weimar, ein Zeitgenosse Goethes, aber doch noch ein halbes Jahrhundert älter als die Brüder Grimm. Dieser wandte sich zwar gegen die ganze «Feerei», er erzählte doch auch noch breit und mit vielen Ausschmückungen. Zwar zeigte er einen gewissen Sinn für einen volkstümlichen Sprachstil, «doch hat sich der Verfasser erlaubt, das Vage dieser Erzählungen zu lokalisieren und sie in Zeiten und Oerter zu versetzen, die sich zu ihrem Inhalt zu passen schienen. Ganz in ihrer eigentümlichen Gestalt waren sie nicht wohl zu produzieren.»[7]

Hier spricht bereits der aufgeklärte Verstand, der erst wieder abgedämpft werden musste, damit der Sinn für alte Bildweisheiten erwachsen konnte. Man kann also keineswegs sagen: Je älter eine Niederschrift ist, desto besser ist sie.

Die Brüder Grimm unterschieden sich von den früheren Herausgebern durch ihr sowohl gedankliches als auch ihr Gefühlsverständnis für diese poetischen Volksüberlieferungen, außerdem durch ihr Einfühlungsvermögen in die charakteristischen Eigenheiten einer naiven Bildersprache.

Kein individueller Autor hat diese Märchen geschaffen, und sogar deren Herausgabe ist nicht das Werk eines Einzelnen. Abgesehen davon, dass es wohl kein anderes Buch gibt, für das zwei Brüder gleicherweise verantwortlich zeichnen, steht ein weiter Freundeskreis dahinter, sodass es nicht unberechtigt ist, zu sagen, die Märchenerzählungen der Brüder Grimm seien ein Produkt des «Zeitgeistes».

Die Wende des 18. zum 19. Jahrhundert brachte einen mächtigen Bewusstseinsumschwung, der einerseits manifestiert wurde durch die sogenannten Klassiker, Goethe und Schiller, andererseits aber durch eine ganze Gruppe junger Dichter und Denker, von denen die meisten in den siebziger Jahren des 18. Jahrhunderts geboren wurden: die «Romantiker».

Viele von ihnen haben sogenannte Kunstmärchen oder märchenhafte Dichtungen verfasst, z.B. Clemens Brentano (1778–1842) und sein Freund Achim von Arnim (1781–1831), Ludwig Tieck (1773–1853), E.T.A. Hoffmann (1776–1822), Jean Paul (1763–1825), Adalbert von Chamisso (1781–1838) und insbesondere Novalis (1772–1801). Die Gattung des Kunstmärchens kam dem romantischen Lebensgefühl entgegen, weil sie die Welt des Wunderbaren einbezog und das freie Spiel der Phantasie erlaubte. Die Grenzen zwischen Realität, Phantasie und Imagination sind hierbei stark verwischt. Ludwig Tieck hat zwischen Märchen und Novelle keinen deutlichen Trennungsstrich gezogen, und seine Märchendefinition war, dass sich «das Liebliche mit dem Schrecklichen, das Seltsame mit dem Kindischen mische». Das kann man sicher auch über die phantastischen Erzählungen von E.T.A. Hoffmann sagen. Für Novalis hingegen war das Märchen der Inbegriff des Poetischen überhaupt: «alles Poetische muss märchenhaft sein». Und die Aussage: «Alle Märchen sind nur Träume von jener heimatlichen Welt, die überall und nirgends ist», nimmt dem Märchenbild das Beliebige und lässt es zum Wahrbild einer konkreten Geistwelt werden. Goethes Märchen *Von der grünen Schlange und der schönen Lilie* (erschienen 1795), das für Novalis das große Vorbild seiner Märchendichtung war, ein Höhepunkt exakter Phantasie.

Goethes Geistesart war sicher nicht «romantisch». Man kann da deutliche Gegensätze herausarbeiten. Dennoch blieb er nicht unberührt vom romantischen Zeitgeist mit seiner Tendenz zum Imaginativen. Das zeigt eben sein Märchen. Aber auch die Szenen, die er am Ende des 18. Jahrhunderts in den ersten Teil des *Faust* einfügte, sind von besonders bildhaft-symbolischer Ausdruckskraft: der Prolog im Himmel, die Osternacht, die romantische Walpurgisnacht. In seinen Werken nach 1800 – ich denke vor allem an *Wil-*

helm Meisters Wanderjahre und *Faust II* – verdichten sich die Bilder immer mehr. Schließlich lässt er seine Faustdichtung mit einem Hymnus auf die Bildhaftigkeit der Welt enden: «Alles Vergängliche ist nur ein Gleichnis ...»

Trotz aller Gegensätze waren Goethe und die Romantiker Zeitgenossen. Und die Zeit um 1800 herum war eine besondere Zeit. Rudolf Steiner sagte dazu, dass sich damals für kurze Zeit «nicht Tore, nicht Fenster, sondern Schleusen zur übersinnlichen Welt öffneten»,[8] durch die Bilder, Imaginationen herunterströmten – wahrnehmbar für alle, die dafür empfänglich waren, auch z. B. Goethe, der sie in die Miniaturbilder seines Märchens übersetzte.

Vielleicht können wir unter diesem Aspekt die romantische Todessehnsucht, das Sich-hingezogen-Fühlen zur Nachtseite des Daseins, verstehen als eine unbewusste Sehnsucht, an diesem Geistgeschehen unmittelbar teilzuhaben. Man kann sich ja immer eigenartig berührt fühlen von der Tatsache, dass in jener Zeit innerhalb von knapp zehn Jahren eine ganze Gruppe hochbegabter junger Menschen über die Todesschwelle ging. Vor allem mag man hier an Novalis und seine Braut Sophie von Kühn denken, an Karoline von Günderode, an Wilhelm Heinrich Wackenroder. Auch Schiller können wir dazuzählen, der in Jena den Mittelpunkt der jungen Romantik gebildet hatte. Hölderlin fiel 1806 in geistige Umnachtung, nachdem Susette Gontard, seine «Diotima», 1802 gestorben war. Heinrich von Kleist wählte 1811 den Freitod.

Der geistige Impuls der Romantik umfasste allerdings nicht nur die Dichtkunst, sondern auch die Wissenschaften. Zu jener Zeit entstand das, was man später «Geisteswissenschaften» im akademischen Sinne genannt hat. Es entstand z. B. ein vollkommen neues Geschichtsverständnis. Die bahnbrechende Bedeutung der Brüder Grimm liegt unter anderem darin, dass sie zu den Ersten gehörten, die auf dem Gebiet der Sprache historisch empfanden, und somit als Väter der Germanistik gelten können, ebenso aber der wissenschaftlichen Volkskunde.

Aber sie waren zweifellos auch von dem spirituellen Strom inspiriert, der durch das erwähnte offene Himmelsfenster hereinströmte, indem sie verstanden, was Volksmärchen im ursprünglichen Sinne bedeuteten: eine Offenbarung aus der geistigen Welt.

Wie kam es zu ihrer Beschäftigung mit den Märchen? Clemens Brentano und Achim von Arnim hatten die Idee, Volkslieder in einem Buch zu versammeln (später erschienen mit dem Titel *Des Knaben Wunderhorn*). Vielleicht waren sie angeregt von Johann Gottfried Herder, der schon in den siebziger Jahren des 18. Jahrhunderts seine *Stimmen der Völker in Liedern* veröffentlicht hatte. Jedenfalls fragte Brentano 1806 bei seinem Schwager Friedrich Carl von Savigny, der Professor in Marburg war, an: «Haben Sie in Kassel keinen Freund, der sich dort auf der Bibliothek umtun könnte, ob keine alten Liedlein dort sind, und der mir dieselben kopieren könnte?» Brentano und Arnim hatten auch den Plan, ihre Liedersammlung durch «alte, überlieferte Sagen und Märchen» zu ergänzen, und ahnten sicher nicht, was dieses Projekt für weitreichende Folgen haben sollte. Savigny empfahl den 21-jährigen Jacob Grimm, den er kennengelernt hatte, als er zusammen mit seinem um ein Jahr jüngeren Bruder Wilhelm in Marburg studierte. Bereits anderthalb Jahre später konnte Brentano an Arnim schreiben: «Ich habe hier zwei sehr liebe, liebe altteutsche vertraute Freunde, Grimm genannt, welche ich früher für die alte Poesie interessiert hatte, und die ich nun nach zwei Jahren langem, fleißigem, sehr konsequentem Studium so gelehrt und reich an Motiven, Erfahrungen und den vielseitigsten Ansichten der ganzen romantischen Poesie wiedergefunden habe, dass ich bei der Bescheidenheit über den Schatz, den sie besitzen, erschrocken bin.»

Brentano und Arnim, zwei Vertreter der damals modernsten literarischen Richtung, der Heidelberger Romantik, wurden so zu Geburtshelfern der Grimm'schen Märchensammlung.

Die außerordentlich exakte und ausdauernde Arbeit der Grimms war zunächst durchaus nur als Vorarbeit für Brentanos Publikationspläne gedacht. Im Oktober 1810 sandten sie ihm die Ergebnisse ihrer Sammlertätigkeit. Doch Brentano war eine geniale Natur, voller Ideen, leicht entflammbar und – vergesslich: Sein Interesse war inzwischen erloschen. Mehrere Monate warteten die Brüder auf eine Reaktion, die aber ausblieb. Glücklicherweise hatten sie sich Abschriften ihrer Texte zurückbehalten. Sie setzten nun ihre Arbeit in eigenem Interesse fort, sie erhielt mehr und mehr eigenen Stil und eigene Konturen. Jacob und Wilhelm Grimm hatten eine ganz bestimmte Vorstellung von Märchenstil und prägten diese nach ihrem Idealbild. Vorbildlich erschienen ihnen die beiden plattdeutschen Erzählungen, die der Maler Philipp Otto Runge beigesteuert hatte, *Von dem Machandelboom* und *Von dem Fischer un syner Fru.* Man kann Veränderungen an den Märchen vornehmen, aber man muss auch sehen, dass sie eine bewundernswerte Instinktsicherheit in Bezug darauf hatten, was «märchenhaft» im Sinne einer imaginativen Schilderung ist und was nicht. Außerdem war der «Volksmund» im 19. Jahrhundert keineswegs mehr eine Gewähr für Alter und Ursprünglichkeit einer Erzählung.

Man kann sagen, dass die Brüder Grimm dem Märchen seine Würde wiedergegeben haben. Während noch Charles Perrault (im 17. Jahrhundert), sich gleichsam entschuldigend für die Herausgabe von Märchen, seinen kleinen Sohn als deren Verfasser angab, war es ihnen absolut klar, dass es sich bei Märchen nicht nur um Kindergeschichten, sondern um Erzählungen von Erwachsenen für Erwachsene handelte.

Allerdings ist durch den Grimm'schen Erzählstil ein Missverständnis entstanden, das durch die Illustrationen von Ludwig Richter noch verstärkt wurde. Es konnte sich die Meinung bilden, gerade das Liebliche, Gemüthaft-Innige sei etwas typisch Märchenhaftes. Das heißt aber, den Kern mit der Schale verwechseln und das Märchen in sentimentaler Weise missverstehen. Das obige Urteil ist ebenso unzutreffend wie die Annahme, dass das Leben mittelalterlicher Bauern eine Schäferidylle war.

Wir haben gesehen, dass die persönlichen Leistungen von Jacob und Wilhelm Grimm sehr hoch einzuschätzen sind, aber daraus erklärt sich noch nicht Breite und Dauer ihrer Wirkung, die nur durch ihren historischen Stellenwert verständlich wird. Weder vorher noch nachher wäre Ähnliches möglich gewesen. Ihr Impuls ist vergleichbar mit einem Stein, der ins Wasser geworfen wird und der nun seine Wellenkreise zieht. Etwa eine Generation später wurden in ganz Europa, besonders im nordöstlichen Teil, Märchen gesammelt.[9]

Zwar hat der Einwand etwas Berechtigtes, dass die Märchen, welche über Jahrhunderte im gesprochenen Wort gelebt hatten, durch ihren Einzug in die Literatur an Leben verloren hätten, doch müssen wir auch deutlich sehen, dass sie ohne diese schriftliche Fixierung die Mitte des 19. Jahrhunderts wohl nicht überdauert hätten. Denn nach Goethes Tod im Jahre 1832 schlug die spirituelle Welle, die ich zu beschreiben versuchte, ins Gegenteil um: Die Mitte des 19. Jahrhunderts, etwa 1840 bis 1880, brachte einen Höhepunkt des Materialismus

Der Leipziger Professor Oswald Marbach, der im Jahre 1881 ein Buch über Goethes *Faust* herausbrachte, schrieb in dessen Vorrede: «Schon vor 30 – 40 Jahren habe ich an der Leipziger Universität Vorlesungen über Goethes Faust gehalten und erst in neuester Zeit (1875) habe ich diese Vorlesungen wieder aufgenommen und fortgesetzt. Warum diese lange Pause? Da wirkte vieles zusammen, Äußeres und Inneres, Objektives und Subjektives. Ich wurde älter und alt und die akademische Jugend auch: jedes neue Semester brachte ein grämlicheres Geschlecht, es schwand das freie Interesse des Geistes an ihm selber immer mehr zusammen, es kam über uns eine Zeit, wo das

Nützliche mehr galt als das Schöne. Seit 30 Jahren habe ich mehr ‹der Not gehorchend als dem eignen Triebe› in meiner akademischen Tätigkeit Philosophie und Poesie beiseite geschoben und dafür die exakten Wissenschaften doziert: Mathematik, Physik, Technologie.»

Novalis, Hölderlin, Kleist gerieten in der Mitte des 19. Jahrhunderts fast vollständig in Vergessenheit und wurden erst am Beginn des 20. neu entdeckt. Die erste textkritische Novalis-Ausgabe erschien 1907 (von Jakob Minor), und Hölderlin wurde durch Norbert von Hellingrath, den im Ersten Weltkrieg gefallenen Freund von Rilke und George, «entdeckt» und 1913 in einer ersten Werkausgabe herausgebracht.

Gerade diese Mitte des 19. Jahrhunderts, die ganz offensichtlich nicht das Klima hergab für künstlerische Produktivität und das Verständnis übersinnlicher Tatsachen, war die Zeit, in der das Märchenbuch der Brüder Grimm seinen Siegeszug antrat. Man kann sich fragen, ob es nicht die Mission der Brüder Grimm war, die Menschheit Mitteleuropas für die Durststrecke dieser Zeit mit einer Art geistigem Proviant auszurüsten, damit wenigstens die Kinder noch mit Nahrung versorgt würden, während die Gemüter der Erwachsenen für jede Art von Geistigkeit verschlossen blieben. Jacob und Wilhelm Grimm retteten den Schatz der Volksmärchen vor dem Untergang der Romantik, indem sie ihm zwei schützende Begleiter mit auf den Weg gaben, durch welche sie legitimiert wurden: Jacob seine Wissenschaftlichkeit und Wilhelm seine Geschicklichkeit, den Märchenstil der bürgerlichen Welt anzupassen. So fanden die Märchen ihren Weg einerseits in die Kinderwelt, andererseits in die wissenschaftliche Forschung.

Was war nun für die Brüder Grimm ein Märchen? Wie äußerten sie sich über den Ursprung der Märchen? Dazu sollen die schönen Worte zitiert werden, mit denen die Vorrede ihrer Sammlung beginnt: «Wir finden es wohl, wenn von Sturm oder anderem Unglück, das der Himmel schickt, eine ganze Saat zu Boden geschlagen wird, dass noch bei niedrigen Hecken oder Sträuchern, die am Wege stehen, ein kleiner Platz sich gesichert hat, und einzelne Ähren aufrecht geblieben sind. Scheint dann die Sonne wieder günstig, so wachsen sie einsam und unbeachtet fort: keine frühe Sichel schneidet sie für die großen Vorratskammern, aber im Spätsommer, wenn sie reif und voll geworden, kommen arme Hände, die sie suchen, und Ähre an Ähre gelegt, sorgfältig gebunden und höher geachtet als sonst ganze Garben, werden sie heimgetragen, und winterlang sind sie Nahrung, vielleicht auch der einzige Samen für die Zukunft.»[10]

Damit vergleichen sie nun ihre Sammlertätigkeit, und es sind starke

Worte, wenn man bedenkt, dass hier die Märchen als Nahrung bezeichnet werden und als Samen, «vielleicht die einzigen Samen für die Zukunft». Diese Zukunft ist unsere Gegenwart.

Nicht nur an dieser Stelle, auch andernorts fällt auf, wie oft die Grimms ihre Bilder aus der Natur nahmen. Märchen waren für sie offensichtlich etwas «Gewachsenes». – Und ist es nicht auch so, dass der Blick auf das Pflanzenreich naheliegt, wenn die Frage nach der Ursache auftaucht, warum Varianten des gleichen Märchens bei ganz verschiedenen Völkern auftauchen, zwischen denen nachweislich keine alten Verkehrsverbindungen vorhanden waren. In der «offiziellen» Forschung gibt es dafür keine Erklärung, nur ein Wort: «Polygenese». Von Pflanzen aber könnte man dasselbe sagen: Pflanzenarten können in den verschiedensten Gegenden wachsen, ohne dass sie von dem einen Ort zum andern gebracht worden sind – sofern Boden- und Klimaverhältnisse entsprechend sind. Innerhalb dieses Vergleichs müssen wir in Bezug auf Märchen allerdings wohl vom «Seelenboden» und «Seelenklima» der Völker sprechen. Märchen sind wie Pflanzen, die aus den Volksseelen herausgewachsen sind.

Noch eine interessante Eigenheit haben Märchen mit den Pflanzen gemeinsam. Eine Pflanze, die beschädigt wird, wird immer versuchen, ihre natürliche Wuchsform wieder herzustellen; z. B. kommt es vor, dass ein Baum ohne Spitze durch Aufrichten eines Seitenastes die Spitze ersetzt. Entsprechend stellte man beim Märchen das «Gesetz der Selbstberichtigung» fest. Ein Märchen, das ausgeschmückt, in die Länge gezogen oder sonst irgendwie entstellt wurde, nähert sich während seiner Weitergabe durch den «Volksmund» wieder seiner ursprünglichen Form. Dies gilt sowohl motivisch als auch stilistisch. Man könnte in ähnlicher Weise, wie man von Wuchsformen der Pflanzen spricht, auch von Wuchsformen der Sprache sprechen.

So ist im Märchen zweierlei verbunden: einerseits etwas charakteristisch Volkstümliches, das sich natürlich auf die Landessprache und damit auch auf den Erzählduktus bezieht, aber auch auf die Motive – was in einem deutschen Märchen der Kaiser ist, ist im russischen der Zar –, andererseits aber hat das Märchen etwas übergreifend Menschheitliches, im besten Sinne Globales.

Märchenforschung und Märchenverständnis im 20. Jahrhundert

Der Beginn des 20. Jahrhunderts war in vieler Hinsicht eine Zeit des Umbruchs. Im Gegensatz zu der kontinuierlichen Verengung des geistigen Horizontes, die mit der Entwicklung der materialistischen Naturwissenschaft in der Mitte des 19. Jahrhunderts einherging, war auf einmal nicht nur das Bedürfnis, sondern auch die Möglichkeit zu neuen Ansätzen im kulturellen Leben vorhanden. Ohne diese Veränderung hätte Rudolf Steiner nicht seine Anthroposophie ins Leben rufen können. In solchen Zeiten geistiger Offenheit wird gern zum Märchen oder zu märchenartiger Dichtung gegriffen, um durch das Symbol Ausdrucksmöglichkeiten für sonst Unsagbares zu finden.

Im Jahr 1896 entstand, von Berlin ausgehend, die Wandervogel-Bewegung, die nach einer Lebensreform durch Rückkehr zu Wahrhaftigkeit und Natürlichkeit strebte. Man pflegte das Wandern, das Volkslied, den Volkstanz und auch das Märchenerzählen. Die stilisierende Kunst des Jugendstils eignete sich besonders gut für Märchenillustrationen. Man denke nur an die zarten Märchenbilder des Worpsweder Malers Heinrich Vogeler und die Kalevala-Illustrationen des Finnen Akseli Gallen-Kallela. Der Jugendstil hatte das Anliegen, nicht nur Atelierkunst zu betreiben, sondern das ganze Alltagsleben mit künstlerischer Gestaltung zu durchdringen. Der Impuls des Gesamtkunstwerks lebte auch in der Entstehungszeit der Anthroposophie bis hin zum Bau des Goetheanums. Diese Kunstrichtung konnte sich aber in der Zeit der Industrialisierung nicht durchsetzen. Die Jugendstilmöbel blieben schöne Einzelstücke. Sowohl in der Jugendbewegung als auch im Jugendstil lag – bei aller Aufbruchstimmung – etwas Rückwärtsgewandtes; es ging um die Wiederbelebung von verlorengegangenen Werten.

Die seelisch-geistige Situation war jetzt eine andere als zur Zeit der Romantik. Zwar war das Bedürfnis nach symbolischer Dichtung wieder rege geworden, doch nicht in gleichem Maße die Möglichkeit vorhanden, Bildhaftes zu verstehen. Die Welt der «Tatsächlichkeiten» war durch die vorangegangenen Jahrzehnte so dicht geworden, das naturwissenschaftliche Weltbild so faszinierend, dass man nicht mehr ohne weiteres in der Lage war, «das Vergängliche zum Gleichnis werden zu lassen», es durchscheinend für geistige Tatsachen zu machen, wie es Goethe und Novalis noch gelungen war.

Man suchte in zwei Richtungen nach einem Ausweg, nach einem Durchbruch in eine andere Dimension der Wirklichkeit. Schaute man nach außen in die materielle Welt, so erblickte man «märchenhafte Fortschritte» in Wissenschaft und Technik. Warum sollten nicht noch weitere phantastische Möglichkeiten hier verborgen liegen? Es entstand die wissenschaftliche Utopie, die Science-Fiction-Literatur (H.G. Wells, Kurd Lasswitz). Diese beschreibt nicht in bildhafter Weise übersinnliche Vorgänge, wie das Märchen, sondern beschränkt sich auf den Bereich des sinnlich Wahrnehmbaren und erweitert diesen ins Unwahrscheinliche. In diesen Bereich gehören auch die Werke von Bulwer-Lytton «Vril» und «Zanoni».

Wandte man sich dem Seeleninneren zu, boten die Traumwelt und damit auch die sich der unterbewussten Welt annehmende Tiefenpsychologie neuen Stoff für die Literatur. Mit der phantastischen Literatur drängte eine alptraumartige Welt ins Bewusstsein herauf, doch wurde dabei nicht vorgegeben, dass es sich um wirkliche über- oder untersinnliche Wesen handelt. In der Psychologie spricht man von «Projektionen» aus dem Unterbewussten. Ansatzweise lässt sich diese Tendenz schon in der Romantik (E.T.A. Hoffmann) auffinden.

Beide Richtungen brachten nur scheinbare Durchbrüche in eine übersinnliche Welt, die als solche auch gar nicht gesucht wurde. Zwar war der Drang sehr stark, die gegenständliche Welt zu durchdringen oder zu zerbrechen, aber an geistige Wirklichkeiten wurde und wird bis heute nicht ernstlich geglaubt. In der Märchenforschung hat es sich eingebürgert, von einer «Anderswelt» zu sprechen – was immer das auch sein mag.

Rudolf Steiner nutzte die Offenheit der geistigen Situation, um seine im engeren Sinne esoterische Wirksamkeit zu beginnen, nachdem er sie in naturwissenschaftlichen und philosophischen Gedankenformen vorbereitet hatte. Dafür fand er in den Bildern von Goethes *Märchen* einen Ansatz, was er in seiner Autobiografie *Mein Lebensgang* beschreibt: «Der Wille, das Esoterische, das in mir lebte, zur öffentlichen Darstellung zu bringen, drängte mich dazu, zum 28. August 1899, also zu Goethes 150. Geburtstag, im ‹Magazin› einen Aufsatz über Goethes Märchen von der grünen Schlange und der schönen Lilie unter dem Titel ‹Goethes geheime Offenbarung› zu schreiben.»[11] Insgesamt hat Rudolf Steiner an die 20 Vorträge über Goethes

Märchen gehalten. Im Jahre 1910 gestaltete er, inspiriert von den Imaginationen dieses Märchens, sein erstes *Mysteriendrama.* Er lässt dort auch eine Märchenerzählerin, Frau Balde, auftreten, deren (von Rudolf Steiner erdichtete) Märchen für den Schulungsweg des «Professor Capesius» eine schicksalhafte Bedeutung erhalten. Von Steiners Verhältnis zum Märchen wird später noch die Rede sein.[12]

Am Beginn des 20. Jahrhunderts begann auch die Märchenkunde als wissenschaftliche Disziplin eine immer bedeutendere Rolle zu spielen. Allerdings nahm diese zunächst – und das gilt weitgehend bis heute – ihren Zugriff durch Sammeln, Systematisieren, Katalogisieren, Vergleichen. Damit wurde das grundlegende Material geschaffen, das noch heute die Basis jeder Märchenarbeit sein muss. Eine wichtige Arbeit hat in dieser Hinsicht die sogenannte «finnische Schule» geleistet. Sie wurde so genannt nach ihren Hauptvertretern Antti Aarne und Kaarle Krohn (dem Sohn des Kalevala-Forschers Julius Krohn). Hier ging es vor allem um die vergleichende Betrachtung verschiedener Märchenmotive und Varianten und die Einteilung der Märchen in Typen. Das Typenregister von Aarne-Thompson (AT) ist noch heute ein vielgebrauchtes Hilfsmittel.

Ein Hauptanliegen der Forschung war damals die Erklärung der Ähnlichkeiten in den Märchen verschiedener Völker. Trotz nachweisbarer Wanderung von Motiven kam man mehr und mehr dazu, eine unabhängige Entstehung anzunehmen (Polygenese). Das heißt nicht, dass die Märchen nicht in verschiedenen Völkern eine unterschiedliche «Färbung» annahmen, je nach Volkstemperament, Geschichte, Geografie und Sozialstruktur.

Erwähnenswert ist in diesem Zusammenhang die Arbeit von Friedrich von der Leyen (1873–1966), der am Beginn des 20. Jahrhunderts die Buchreihe *Die Märchen der Weltliteratur* im Diederichs-Verlag in Jena ins Leben rief, welche in den folgenden hundert Jahren ständig erweitert und ergänzt wurde, sodass für deutschsprachige Leser heute die Märchen aller Völker in guten, wissenschaftlich kommentierten Sammlungen zugänglich sind – eine Tatsache, die wohl einmalig auf der Welt ist. Allerdings zählt in dieser Sammlung zu den «Märchen» jede Art von Volksüberlieferung, auch Sagen-, Legenden- und Schwankhaftes.

Es ist deutlich zu beobachten, dass das Interesse für Märchen, sei es nun aus Liebhaberei oder als Wissenschaft, zwischen dem Ersten und dem Zweiten Weltkrieg nachließ. Durch die äußeren Katastrophen wurden die Menschen stark auf die materielle Welt fixiert, was in der Zeit des Nationalsozialismus noch bewusst gefördert wurde. Körperliche Tüchtigkeit, nicht

Märchenstimmung war gefragt. Wenn das Märchen dennoch im Rahmen des «Völkischen» beachtet wurde, so gereichte ihm dies nicht gerade zum Vorteil, was sich in der Nachkriegszeit deutlich bemerkbar machte. «In den ersten Nachkriegsjahren bestand in Deutschland weitgehend ein starkes Misstrauen gegenüber der im ‹Dritten Reich› politisch missbrauchten Volkskunde und gegenüber dem Märchen, dem man gar Zusammenhänge mit den in den Konzentrationslagern begangenen Grausamkeiten anlastete und das vor allem auch von Religionspädagogen als für die Erziehung ausgesprochen schädlich gebrandmarkt wurde.»[13]

Nach all dem ist es erstaunlich, wie in den sechziger Jahren bis in die Gegenwart das Interesse für Märchen und überhaupt für bildhafte Literatur plötzlich wieder sprunghaft anstieg. Neue Bildersehnsüchte regten sich, jetzt besonders in der englischsprachigen Welt. J.R.R. Tolkiens *Lord of the Rings*, ein Werk, das bereits in den dreißiger Jahren geschrieben worden war und damals nur ein kleines Publikum fand, wurde zum Bestseller. Tolkien wird als Vater einer neuen Literaturgattung, der «Fantasy Fiction», angesehen. Etwas später trat J.K. Rowlings *Harry Potter* seinen Siegeszug durch die Kinderwelt an. Aber auch das Volksmärchen erhob sich aus seinem Aschenputteldasein und gelangte zu neuer Bedeutung.

Die Märchenforschung hat sich heute zu einer angesehenen Wissenschaft entwickelt. Ihre Fragestellungen werden in den verschiedensten Fachgebieten, z.B. der Volkskunde und Religionsgeschichte, der Psychologie und Pädagogik und, sehr wesentlich, der Sprachwissenschaft (Stilistik) behandelt. Alle diese verschiedenen Forschungsansätze finden ein Forum in der in den fünfziger Jahren gegründeten Europäischen Märchengesellschaft (EMG), einer wissenschaftlichen Gesellschaft, die jährliche Kongresse in verschiedenen Ländern Europas und außerdem viele Kurse, Seminare und Erzählstunden veranstaltet, die jedermann zugänglich sind.

Allerdings ist man mit dem Typisieren und Katalogisieren an ein gewisses Ende gelangt. Von den Märchentexten wendet man sich in neuerer Zeit mehr dem Vorgang des Erzählens zu, der Erzählsituation und den volkstümlichen Erzählerpersönlichkeiten, bewegte sich also vom Inhalt des Erzählten mehr zum Erzählvorgang hin. Man fragt nach der Funktion, die das Märchen in der Gemeinschaft hatte (Märchensoziologie), und auch nach seiner Wesensart (Struktur- und Stilforschung).

Rudolf Steiner und das Volksmärchen

Eine wichtige Figur in Rudolf Steiners *Mysteriendramen* ist Professor Capesius, für den die Beschäftigung mit Märchen eine äußerst anregende und belebende Wirkung hat. Wenn er erschöpft von seiner Arbeit ist, sucht er immer wieder Frau Felicia Balde auf, die Frau des Kräutersammlers Felix Balde, die ihm Märchen erzählt. Im Laufe der Dramen erfahren wir, dass das Märchenhören nicht nur eine erfrischende Wirkung auf ihn hat, sondern auch eine brückenbauende. Die Märchen vermitteln zwischen seinem Alltagsleben und seinen okkulten Erlebnissen, indem sie ihn in eine imaginative Seelenverfassung bringen: «Die Märchenstimmung ist, wie mir scheint, überhaupt etwas, was sich in einer voll berechtigten Weise hineinstellt zwischen die äußere Welt und all das, was der Mensch einstmals in der alten Zeit des ursprünglichen menschlichen Hellsehens in den geistigen Welten schaute, was er auch heute noch schauen kann, wenn er sich etwa durch besondere abnorme Anlagen oder durch ein regelrecht geschultes Hellsehertum zu den geistigen Welten erheben kann. Zwischen dieser Welt und der Welt der äußeren Wirklichkeit und des Verstandes und der Sinne ist die Welt des Märchens vielleicht das allerberechtigtste Zwischenglied.»[14]

Die Gestalt des Capesius im Drama trägt Züge von Professor Karl Julius Schröer, der Literaturprofessor in Wien und Rudolf Steiners Lehrer, später auch sein Freund war. Er hat Steiners Interesse für Volkskunde und die volkstümlichen Spiele angeregt, die bis heute regelmäßig in den Waldorfschulen aufgeführt werden, aber auch für Volksmärchen. Die Märchenbeispiele, die Steiner in seinen Vorträgen zu dem Thema verwendet hat, stammen fast alle aus Österreich, Siebenbürgen oder Ungarn.

In den sogenannten «Karma-Vorträgen» kommt Steiner auch auf Schröer zu sprechen.[15] Dort berichtet er, dass Schröer ein großer Goethe-Verehrer war, dass er mit großer, geradezu väterlicher Liebe an Goethe hing, weil ihm dessen anschauendes Denken sehr nahe lag. Damit hing es wohl zusammen, dass er von vielen Zeitgenossen der damals vorwiegend intellektualistischen Zeit nicht in seiner wahren Bedeutung anerkannt wurde: «Es war schon ein arges Verkennen da.»

Karmisch sah Steiner bei Schröer eine enge Beziehung zu Plato, ja er hielt ihn für eine Wiederverkörperung Platos. Vor diesem Hintergrund ist es nun sehr beeindruckend, folgende Worte über Plato, den berühmten Philosophen, zu lesen: «Ja, sehen Sie, man möchte sagen, es liegt furchtbar nahe, Plato zu verkennen … Er kann leicht verkannt werden. Das ist so ein Zug, der mich besonders interessiert hat in der Verfolgung der Plato-Strömung, weil dieses Verkennen eigentlich außerordentlich instruktiv ist.» Es ist auffallend, wie häufig Steiner in diesem Zusammenhang das Wort «verkennen» verwendet, und zwar sowohl in Bezug auf Plato als auch auf Schröer. Jemanden verkennen heißt ja, diesen nicht in seiner wahren Bedeutung erkennen, und darauf hinzuweisen, war Steiners Anliegen in beiden Fällen.

In einem anderen Vortrag des gleichen Zyklus sprach Steiner über die Schule von Chartres, die er auch als eine platonische Geistesströmung ansah, besonders wegen ihrer innigen Beziehung zur Natur. Darüber sagte er in ähnlichen Worten: «Das ist ein Geistesleben, welches im Grunde genommen völlig verschüttet ist in der neueren Zeit.»

Kehren wir zurück zu Schröer-Capesius und der Märchenerkenntnis der Gegenwart, so kann man wohl – bezugnehmend auf die oben beschriebene, verkannte platonische Strömung und ihre Vertreter – mit Recht sagen, dass die Bedeutung des Märchens als Bindeglied zwischen der äußeren Welt der Sinne und des Verstandes und der geistigen Wirklichkeit heute sehr stark «verkannt» wird und «verschüttet» ist, obwohl sich die Märchenforschung im 20. Jahrhundert durchaus zu einer ernsthaft beachteten Wissenschaft entwickelt hat. Auch in anthroposophischen Kreisen sieht man in den Märchen doch vorwiegend Kindergeschichten mit einer interessanten Symbolik. Da liegen noch große Aufgaben vor uns.

Was für Forschungsanregungen haben wir von Rudolf Steiner bekommen? In seinem Werk verstreut finden sich viele Einzelbemerkungen über «Mythen und Märchen», an die noch manches anzuknüpfen wäre, aber ganze Vorträge zum Volksmärchen gibt es nur wenige, im Gegensatz zu Goethes *Märchen*. Dies ist aber auch wohl das einzige Kunstmärchen, das stilistisch mit den Volksmärchen vergleichbar ist.

Am 26. Dezember 1908 hielt Steiner in Berlin vor Mitgliedern der Theosophischen Gesellschaft den Vortrag «Märchendeutungen».[16] Dort führte er aus, wie Märchen aus uralten Zeiten stammen, als die Menschen noch ein hellseherisches Bewusstsein hatten und die dahinhuschenden Gestalten ihres Astralsystems in Bildern festhalten konnten. Dieser Vortrag ist im Zusammenhang mit den vielen Ausführungen Steiners in der damaligen Zeit über das «Symbolisieren» zu sehen. Immer sprach er über den Umgang mit Symbolen, seien es nun die Bilder von Goethes *Märchen*, der «Tempellegende», der Evangelien oder alter Mythen. Nach eigenen Worten wollte er in dem Vortrag «eine Art Prinzip geben für die Erklärung von Märchen und Sagen». Dies wird dann auch anhand mehrerer Märchenbeispiele vorgeführt.

Weitere Vorträge fallen in die Zeit der Aufführung der vier *Mysteriendramen* (1910–1913), so der bereits erwähnte vom 10. Juni 1911 «Rosenkreuzerisches Weistum in der Märchendichtung».[17] Der hier dargestellte Ursprung der Märchen «in den Rosenkreuzertempeln» ist wohl der bedeutendste und ergiebigste Gesichtspunkt, den Steiner zum Volksmärchen beigetragen hat. Über die Rosenkreuzer sprach er dort einerseits im Allgemeinen, indem er darin fast jede Kulturbemühung seit der Atlantis enthalten sieht, und andererseits im engeren Sinne, alles das umfassend, was von der historischen Persönlichkeit des Christian Rosenkreutz im 15. Jahrhundert ausstrahlte als geistigen Impuls zu Beginn des «Zeitalters der Bewusstseinsseele». Hier haben wir eine reiche Quelle für die Märchenforschung.

Im gleichen Jahr 1911 muss Rudolf Steiner klar geworden sein, dass das Besondere der Geistesströmung, die er später «Anthroposophie» nannte, gerade auch das Anknüpfen an diesen «Ursprung in den Rosenkreuzertempeln» ist. Zu dieser Erkenntnis gab es schon Ansätze beim Münchner Kongress der Theosophischen Gesellschaft im Juni 1907, den er als Generalsekretär auszurichten hatte. Danach setzte er sich aus verschiedenen Gründen immer mehr von der Theosophischen Gesellschaft ab, bis es im Jahr 1912 zur Gründung der Anthroposophischen Gesellschaft kam.

Interessant ist, wie Steiner in dem genannten Märchenvortrag von 1911 methodisch vorgeht. Er beginnt immer mit einem geisteswissenschaftlichen Gedanken und führt diesen über in ein Märchenbild. Nicht weniger als dreizehn Mal formuliert er: «Heute sagen wir ... damals erzählte man ...» Wie nebenbei wird also eine Anleitung gegeben, wie man anthroposophische Inhalte in den Bildern von Märchen wiederfinden kann, nicht, indem man ein Bild gedanklich «deutet», sondern indem man Gedachtes ins Bild überführt. Es ist hier ein deutlicher Schritt gemacht seit den Anweisungen zur «Deutung» im Jahre 1908.

Andererseits können wir eine Parallele sehen zu den im gleichen Jahr (im Oktober) gehaltenen Vorträgen *Von Jesus zu Christus*,[18] in denen Steiner die rosenkreuzerische Methode, mit Bildern (in diesem Fall Bilder der Evangelien) umzugehen, sehr dezidiert absetzt von der bei den Jesuiten ausgeübten Weise des Bilderumgangs. In deren meditativer Schulung werden – so

Rudolf Steiner – die Evangelienbilder ohne gedanklichen Vorgriff unmittelbar zum Meditationsinhalt umgestaltet und wirken dadurch stark auf den Willen. Die Geist-Initiation der Rosenkreuzer hingegen besteht darin, zunächst durch gedankliche Arbeit ein Gefühl aufzubauen, das sich erst später zu einem Bild gestalten soll. In seinem Buch *Die Geheimwissenschaft im Umriss* hat Steiner diese Methode bei den Beschreibungen, wie mit dem Symbol des Rosenkreuzes in der «Rosenkreuzmeditation» umzugehen sei, sehr genau geschildert.[19]

Im September 1911 hielt Rudolf Steiner zwei weitere wichtige Vorträge in Neuchâtel über Rosenkreuzer, diesmal besonders über die Biografie von Christian Rosenkreutz, dem noch ein dritter, thematisch verwandter am 18. Dezember 1912 folgte.[20] Dazwischen gibt es am 19. Dezember 1911 noch einen Vortrag zum Märchenthema mit dem Titel «Die Symbolik und die Phantasie mit Bezug auf das Mysterium ‹Die Prüfung der Seele›».[21] Hier geht es wieder um Capesius und die Bedeutung des Märchens für ihn als Zwischenglied zwischen Hellsehen und Verstandeswelt.

Dieser Vortrag wurde in Berlin gehalten, wie auch ein weiterer am 6. Februar 1913, «Märchendichtungen im Lichte der Geistesforschung».[22] Letzterer fand zur Zeit der vom 3. bis 8. Februar konstituierenden Generalversammlung der Anthroposophischen Gesellschaft statt, sodass ihn die zu dieser angereisten Mitglieder hören konnten – allerdings ist es ein Vortrag für die Öffentlichkeit gewesen (einer aus der Reihe der im Berliner Architektenhaus über viele Jahre hinweg gehaltenen sogenannten «Architektenhausvorträge»). Interessant ist, dass es in dieser öffentlichen Vortragsreihe in der Woche vorher einen Vortrag über den Maler Raffael, in der Woche nachher einen solchen über Leonardo da Vinci gab und dazwischen – sozusagen als Einzelstück – den Märchenvortrag. Es scheint mir eine sehr bemerkenswerte Tatsache zu sein, dass die Begründung der Anthroposophischen Gesellschaft sozusagen durch diesen Vortrag markiert wird.

Rudolf Steiner beginnt mit den Worten: «Es gibt mancherlei, was es gewagt erscheinen lässt, gerade über Märchendichtungen im Lichte der Geistesforschung zu sprechen. Das eine ist die Schwierigkeit des Gegenstandes, denn in der Tat müssen die Quellen in der menschlichen Seele, aus denen die Märchendichtung, die echte, wahre Märchendichtung fließt, so tief in dieser menschlichen Seele gesucht werden, dass jene Methoden der Geistesforschung, die von mir ja immer wieder geschildert worden sind, komplizierte und lange Wege durchzumachen haben, bis gerade jene Quellen gefunden werden können. … Das Zweite ist, dass man gerade dem

Zauberhaften der Märchendichtungen gegenüber in einem erhöhten Maße das Gefühl hat, dass durch Betrachtungen, durch ideelles Durchdringen des Wesens des Märchens, für die Seele das Elementare, der ursprüngliche Eindruck vernichtet werde – ja, das ganze Wesen der Märchenwirkung selbst.»[23]

In diesem Vortrag werden die Rosenkreuzer nicht erwähnt, aber er hat stilistisch in grandioser Weise die Methode weiterentwickelt, mit der Steiner bereits 1911 in dem Vortrag über das «Rosenkreuzerische Weistum» angesetzt hatte – nämlich die bildhafte Erkenntnis alter Zeiten mit der gegenwärtigen Erkenntnis in Beziehung zu setzen. Aber diesmal stehen das Bildhafte und das Gedankliche nicht mehr nebeneinander, sondern sie verschlingen und durchdringen sich. Steiner hat hier einen imaginativen Sprachstil gefunden, der weder abstrakt philosophisch ist noch in märchenhafter Form von Schauungen berichtet.

Alle diese Vorträge zum Märchenthema sind immerhin von einigen Zeitgenossen Rudolf Steiners gehört worden und wurden später – im Laufe der darauffolgenden Jahrzehnte, verteilt auf die Bände der *Rudolf Steiner Gesamtausgabe* – gedruckt . Die meisten davon konnten also erst sehr viel später in weiteren Kreisen rezipiert werden. Ein Heftchen mit zwei Märchen-Vorträgen (1908 und 1913) erschien 1942 im Zbinden-Verlag, Basel. Dies konnte aber nur in der Schweiz zur Kenntnis genommen werden, da Steiners Bücher in Deutschland zu jener Zeit verboten waren. Der Vortrag über die Rosenkreuzer war einzeln ab 1963 erhältlich. Um diese Zeit herum konnte man auch nach und nach in der *Gesamtausgabe* fündig werden. Wir sind also bezüglich der anthroposophischen Märchenforschung durchaus noch in einer Anfangsphase. Einige Pioniere hat es gegeben. Da war Rudolf Meyer, der die Vorkriegs- und Kriegszeit als Priester der Christengemeinschaft in der Schweiz verbrachte. Da war Friedel Lenz, die nach dem Verlust ihrer Familie und ihrer Flucht in den Westen Kraft aus der Arbeit mit Märchen schöpfte. Und da war Rudolf Geiger, für den das Märchenerzählen zum Lebensinhalt wurde.

Heute gibt es vielerorts Gruppen, die auch im anthroposophischen Sinne daran arbeiten, das verkannte, verschüttete, verleumdete Märchenkind in seinem wahren Glanz neu erscheinen zu lassen.

Die Natur erzählt Märchen

«Die Unerschöpflichkeit des Märchens besteht ja weniger in der Einführung immer neuer Motive, als in deren Umformung, Entfaltung, ihrer Verbindung zu neuen Einheiten. Das Märchen hat etwas von der unvergänglichen Lebenskraft der Natur, die aus dem alten Boden immer wieder frische Gebilde hervortreibt.»[24] Wie bereits ausgeführt, verwendeten die Brüder Grimm immer wieder Gleichnisse aus der Pflanzenwelt, um die Herkunft der Märchen zu beschreiben, und ihre Sammlertätigkeit verglichen sie mit dem Ährenlesen. Aber schon in früherer Zeit hat man zu Bildern aus der Natur gegriffen, um den Ursprung der Märchen zu fassen.

In Finnland wanderte der Volkskundler Elias Lönnrot über Land und sammelte die alten volkstümlichen Gesänge (Runen), die er dann in dem Epos *Kalevala* zusammenstellte. In der ersten Rune gibt es eine Betrachtung darüber, woher die versammelten Gesänge stammen. Sie wurden – so heißt es – «vom Wegrand aufgelesen», «vom Heidekraut geholt», «vom Gesträuche abgestreift».

> «Andre Worte wehten Winde,
> brachten mir des Meeres Fluten.
> Vögel fügten sinnreich Sprüche,
> Baumeswipfel raunten Runen.»

Das bedeutet: Man muss die Sprache der Natur verstehen, um Märchen zu erlauschen.

Begeben wir uns in eine ganz andere Weltgegend, in die Ukraine, so finden wir dort die Überlieferung, dass es die Meeresjungfrauen sind, die Wassernixen, welche an schönen Tagen im Frühsommer aus der Tiefe auftauchen und sich auf die Steine am Ufer setzen. Dort singen sie allerlei Lieder und erzählen Märchen. Die Leute hören zu und übernehmen sie von ihnen.[25] Hier sind es die Naturwesen, die das Flüssige repräsentieren, die als Quell der Märchen gesehen werden. Dabei geht es nicht nur um die äußeren Flüsse und Meere, sondern auch um das flüssige Prinzip im Menschen, das man das Ätherisch-Bewegliche nennen kann. Es ist nicht mit den rechnenden, konturierten Begriffen zu erfassen, sondern nur mit Begriffen, die in sich beweglich, eigentlich Bilder sind. Und es ist das strömende Wort, auf dem diese Bilder herangeschwommen kommen. Wir mögen in diesem Zusammenhang uns daran erinnern, dass Märchen ja ursprünglich gesungen wurden.

Der Ätherleib tanzt

Als Rudolf Steiner seine neue Bewegungskunst, die Eurythmie, ins Leben gerufen hatte und die erste Aufführung vor einem größeren Publikum stattfinden sollte, hielt er eine einleitende Ansprache. Das war während der Sommertagung 1913, als auch sein viertes *Mysteriendrama* uraufgeführt wurde. Das Publikum kannte schon aus den vorhergehenden Dramen die Figur des bereits oben erwähnten Professor Capesius, der sich so gerne, wenn er erschöpft war von seiner gedanklichen Arbeit, in die Waldeseinsamkeit zu Frau Felicia Balde flüchtete und sich von ihr Märchen erzählen ließ. In seiner Ansprache knüpft Steiner nun daran an und ersinnt ein Gespräch zwischen Capesius und Frau Balde. In diesem fragt Capesius Frau Balde nach dem Ursprung ihrer Märchen. Sie habe ihm ja oft erzählt, so sagt er, dass sie die Märchen aus der geistigen Welt hätte, aber es wunderte ihn, wieso die geistigen Wesen immer gerade die Landessprache des Erzählers sprächen.

Frau Balde antwortet ihm folgendermaßen. «Die Wesenheiten», so sagt sie, «erzählen eben in gar keiner Sprache, sondern sie bewegen sich. Und alles, was an ihnen Bewegung ist, das muss man verstehen. Dazu aber muss man die Kunst verstehen, das Herz eine Weile in den Kopf hinauffahren zu lassen. Dann kriegt man eine eigentümliche Empfindung von all den Bewegungen, welche die Elfenwesenheiten und Märchenprinzen und Feen da machen. Und was man so fühlt, das geht dann wie Ströme in den Kehlkopf hinein, da kann man dann erzählen. Und wenn Sie recht zuhören würden, dann würde auch Ihr Ätherleib nachtanzen. Da Sie das aber nicht können, so können Sie auch nicht alles verstehen, und vieles geht Ihnen verloren von dem, was ich sage.»[26]

Frau Balde ist im Drama zwar eine Person der damaligen Gegenwart des frühen 20. Jahrhunderts, in ihrem Bewusstsein wird sie aber doch geschildert wie ein mittelalterlicher Mensch mit der Fähigkeit, Märchen aus dem geistigen Hintergrund der Natur zu empfangen – nicht verbal, sondern, wie wir hörten, als eine Art Bewegungsgestalt. Ein solcher Mensch erlebt die Weltumgebung nicht statisch, sondern flüssig-beweglich. Sein Bewusstsein ist noch nicht auf die Gegenstandswelt fixiert, sondern bewegt sich im Ätherisch-Lebendigen und hat somit noch eine lebendige Beziehung zu der unvergänglichen Lebenskraft der Natur, die immer wieder frische Gebilde aus dem alten Boden hervortreibt.

Es gibt eine sehr schöne Stelle aus einem Brief von Bettina von Arnim, in dem sie von einem ähnlichen Erlebnis berichtet: «Auf der grünen Burg im Abendrot … da war es immer, als wär' einer hinter mir, der mir's einflüstre. Du fragst, was ich mich denn umdreh' so oft – ich sagt': ‹Hinter mir tanzt's› – denn ich wollt nicht sagen ‹spricht's›, denn es war mehr so getanzt und flüchtig geschwungen im Kreis. Nymphen, die sich bei der Hand hielten hinter den drei großen Zypressen hervor, schmiegten sich anmutig, die Füßchen zusammen und die Köpfchen.»[27]

Dies alles klingt sehr poetisch, doch etwas Entsprechendes, mehr in Gedankenform, hat Rudolf Steiner in die Worte gefasst: «Es ist eine triviale Anschauung, wenn heute die Menschen glauben, aus ihren Phantasien heraus Märchen formen zu können. Die alten Märchen, die Ausdruck sind der alten geistigen Geheimnisse der Welt, sind so entstanden, dass die, welche sie für die Welt geformt haben, hinhorchten und lauschten bei denen, die ihnen die geistigen Geheimnisse erzählen konnten, so dass die Zusammenfügung, die Komposition, gemäß den geistigen Geheimnissen ist. Deshalb können wir sagen: Es lebt in ihnen der Geist der ganzen Menschheit, des Mikrokosmos und des Makrokosmos.»[28]

Max Lüthi und der Sprachstil der Märchen

Die geistigen Geheimnisse liegen also nicht primär im Symbolwert einzelner Bilder, sondern «in der Zusammenfügung, der Komposition» der in der Sprache wirkenden Bildekräfte. Diese lassen sich durchaus auch, besonders da uns die Märchen heutzutage meist zunächst in gedruckter Form begegnen, als ganz konkrete Wort- und Satzgebilde betrachten und auf diese Art sehr exakt studieren. Ein Kompositionselement ist beispielsweise die Abwechslung von Spannung und Entspannung. Es ist wie ein seelischer Atmungsprozess, der äußerst wohltuend wirkt.

Es gibt wohl niemanden, der den Sprachstil des europäischen Volksmärchens so eingehend charakterisiert hat wie der Schweizer Märchenforscher Max Lüthi. Er schrieb, dass die Märchen nicht ausgedacht, sondern «geschaut», dann aber mit echter dichterischer Phantasie und einem deutlichen Formwillen gestaltet wurden.[29]

Das bedeutet: Die Handlungsabfolge im Märchen folgt nicht den Gesetzen der Logik, ebenso wenig wie unsere Wahrnehmungen. Sie zeigt ein zunächst unverbundenes Nacheinander in der Zeit, die dadurch zum Raum wird. Damit hängt manches zusammen, über das wir uns manchmal im Märchen wundern: Werden z. B. drei Brüdern nacheinander dieselben Aufgaben aufgetragen, warum teilen sie sich dann nicht ihre Erfahrungen mit, um Fehler und Versagen zu vermeiden? Der Erzähler sucht in einem solchen Fall natürlich nach einem Motiv und ergänzt dann z. B., dass die Älteren den Jüngeren reinlegen wollten. Dieses ist aber nachträglich hinzugefügt. Reiner Märchenstil ist es, den Blick auf den ersten Bruder zu lenken, dann auf den zweiten, dann auf den dritten, jeweils nacheinander. In dieser stilistischen Gestaltung ist ein wirkliches Märchen sehr konsequent, das heißt, es spielt nur auf einer einzigen, der bildhaften, Bewusstseinsebene.

Darin unterscheiden sich die Märchen grundsätzlich von Sagen und Legenden, die zwar auch «Geschautes» enthalten, aber bewusstseinsmäßig nicht in dieser Reinheit und Konsequenz. Der stilistische Vergleich von Märchen und Sagen führt zu dem Ergebnis, dass sich in der Sage zwei Erzählebenen – das heißt hier Bewusstseinsebenen – durchdringen und vermischen: die realistische, auch historisch relevante, und die transzendente als Einbruch von übernatürlichen Kräften ins alltägliche Leben. Dort gibt es zunächst ein realistisches Geschehen, es werden Orte und Namen genannt. Aber in diese bekannte Welt bricht plötzlich aus einer «jenseitigen» Welt etwas Übernatürliches herein, erschreckend und faszinierend zugleich, das die diesseitigen Verhältnisse ins Wanken bringt. In der Legende hat der übersinnliche Einschlag mehr einen religiös-erbaulichen Charakter. Beim Märchen hingegen, genauer gesagt, beim europäischen Volksmärchen, liegen, wie bereits im Vorwort vermerkt wurde, Innenwelt und Außenwelt auf der gleichen Ebene, es ist sinnlich und geistig zugleich, daher sein umfassender Charakter. Max Lüthi nennt das Märchen «flächenhaft», es fehlt ihm eine Dimension, und zwar nicht nur, weil die Bilder keinen räumlichen Hintergrund haben, sondern weil der Märchenfigur die tiefgestaffelte Innenwelt fehlt. Alles ist vollständig Bild geworden. Gefühle und Eigenschaften sind Gebärden und Taten, Beziehungen drücken sich in Gaben und Handlungen aus. Es gibt im Märchen wenige Adjektive. So wie die Gestalten innerlich sind, so sehen sie auch äußerlich aus: der Gute ist schön, der Böse hässlich. Ebenso entfällt der räumlich-landschaftliche Hintergrund. Berge oder Gewässer werden nur genannt, wenn sie eine Funktion im Ablauf der Erzählung haben.

Und so wie der Raum kein äußerlicher ist, so ist die Zeit auch kein mechanisch-quantitativer Ablauf, sondern ein qualitatives Geschehen. Eine Grundgebärde des Märchens ist die rhythmische Wiederholung, darin ist es den Liedern ähnlich. Besonders auffallend ist das bei den Kleinkindermärchen, den sogenannten Ammenmärchen, z.B. bei der Erzählung vom *Dicken, fetten Pfannekuchen.* Ausdehnung und Zusammenziehung sind Urgebärden des Ätherischen. Das Märchen erzählt nicht, was irgendwann geschehen ist oder auch geschehen sein könnte, es ist nicht historisch. Aber es kommt darauf an, dass etwas «zur rechten Zeit» geschieht. «Ein Mythos ist kein Bericht, sondern die Vergegenwärtigung eines Ereignisses», so drückte ein Mythenforscher etwas aus, was auch für das Märchen Gültigkeit hat.

Was verstand Rudolf Steiner unter «Imaginationen»?

Das Märchen bildet «reine Imaginationen». Diesen Begriff gebrauche ich hier nicht gleichbedeutend mit «Vorstellungen», wie es häufig geschieht, vor allem durch den Einfluss des Englischen, sondern als übersinnliche Bild-Erkenntnis, wie es Rudolf Steiner in der Anthroposophie einführte. Es ist nämlich hochinteressant, dass dieselben Charakteristika, die Lüthi durch stilistische Beobachtungen am Märchenstil zusammenstellte, bei Steiner für die Imagination verwendet wurden.

In dem Vortragszyklus *Initiationserkenntnis*[30] beschreibt Steiner eingehend, was er unter «Imagination» verstanden wissen wollte. Zwar hat man in diesem Bewusstseinszustand noch eine Art Raumgefühl, aber eines, bei dem die dritte Dimension fehlt. «Es handelt sich darum, dass das ideelle Element des Denkens übergeht in ein reales, das innerlich erlebt wird. Dann sind auch jene Bilder, die vorher die Gedanken waren, nicht mehr abstrakt, nicht mehr schattenhaft, nicht mehr bloße Projektion der Außenwelt, sondern sie sind innerlich erfüllt von lebendigem Dasein. Sie sind wirkliche Imaginationen, die man … zweidimensional erlebt, aber nicht so erlebt, wie wenn man etwa vor einem in der physischen Welt gemalten Bilde stünde – wer so erlebt, der erlebt Visionen, nicht Imaginationen –, sondern man erlebt so, als ob man mit seinem eigenen Wesen, das nun auch die dritte Dimension verloren hat, in dem Bild selbst drinnen sich bewegte.»[31]

So ist es auch der angemessene Umgang mit Märchen, dass man so in das Geschehen hineinschlüpft, als ob man mit ihm identisch wäre und sich selbst darin bewege. Erst dann verstehen wir, was Herder so wunderbar poetisch formuliert hat: «Nicht etwa nur von Zeit und Ort binden uns wahre Märchen los, sondern auch von der Sterblichkeit selbst. Wir sind durch sie im Reich der Geister.»

Ich möchte nochmals anknüpfen an die oben zitierte Formulierung für Imaginationen von Rudolf Steiner, «Bilder, die vorher Gedanken waren». Er gebrauchte für Märchenbilder auch den Ausdruck «Gedankenformen». Er meinte damit, dass in früherer Zeit etwas in Form von Bildern auftrat, das heute gedanklich erfassbar, sich aber wesensmäßig gleich ist, und durch die Geistesschulung der Anthroposophie wieder bildhaft, das heißt imaginativ erlebt werden kann. Es handelt sich also bei Märchenbildern nicht um poetische Metaphern, und sie haben auch nicht die Beliebigkeit irgendwelcher Phantasiegebilde, «aus den Lappen des Lebens zusammengesetzt».[32] Durch Gedanken können wir Evidenzerlebnisse haben. Dem entsprechend gibt es aber auch etwas, das wir «Bildevidenz» nennen können und das eine ebensolche Klarheit und Reinheit haben kann. Das ist wichtig festzuhalten, weil Märchenbilder oft, sogar von sogenannten Fachleuten, mit Fantasy oder auch mit Traumbildern in einen Topf geworfen werden.

Was hier Bildekräfte oder auch ätherische Kräfte genannt wird, ist nicht nur im menschlichen Bewusstsein, sondern auch in der Pflanzenwelt und überhaupt in allen lebenden Organismen als Wachstumskraft wirksam. Es wurde ja schon beschrieben, dass die Brüder Grimm eine Parallele zwischen der Märchenwelt und dem Wachstum der Pflanzen sahen. Beim Pflanzenwachstum ist es aber ganz deutlich, dass es nicht um ein beliebiges Wuchern geht, sondern um ein gestaltetes Sprießen und Sprossen nach bestimmten rhythmischen Gesetzmäßigkeiten: Wiederholung und Rhythmus, Ausdehnung und Zusammenziehung, Spannung und Lösung, Polarität und Steigerung. Auch in der Pflanzenwelt kann man sagen, dass gerade «die Zusammenfügung, die Komposition gemäß den geistigen Geheimnissen ist».[33]

Bewusstseinsstufen der Kindheit

Es gab eine Zeit, in der die Menschen die Märchen unmittelbar verstanden, die ihnen die Naturwesen erzählten. Heute ist das nicht mehr der Fall. Einerseits hat das menschliche Bewusstsein sich verändert, andererseits hat die fortschreitende Technisierung unserer Umwelt die Bildhaftigkeit aufgesaugt. Das Erleben von ursprünglichen, einfachen, an den Menschen gebundenen Techniken wie Spinnen, Weben, Wäschewaschen erweckten im Menschen noch innere Bilder. Heute sind derartige Vorgänge in Maschinen «hineinverzaubert». Der Anblick dieser Maschinen weckt keine Imaginationen mehr. Nur in der Natur sind Bilder noch in ihrer ursprünglichen Reinheit vorhanden: der Berg, der Baum, das Meer.

Die Bildaussage der Dinge war überall auf der Welt die gleiche. Daher kommt es, dass es bei Völkern, die äußerlich gar nichts miteinander zu tun hatten und durch keine Handelswege miteinander verbunden waren, doch Varianten des gleichen Märchens geben kann. Alle Völker haben auf einer bestimmten Stufe ihrer Bewusstseinsentwicklung die Welt in Bildern verstanden. Die Bildsprache ist älter als die Nationalsprachen, die sich dann in den verschiedenen Völkern entsprechend den dort vorhandenen seelischen und sozialen Verhältnissen entwickelt haben.

Da die Entwicklung des Kindes in Kürze die der Menschheit wiederholt, kann es aufschlussreich sein, die auch in der Gegenwart noch typische kindliche Bewusstseinsentwicklung zu studieren. Beginnend mit dem Alter von 3 bis 4 Jahren sind Kinder für Erzähltes zugänglich. Es ist eine Erfahrungstatsache, dass sie dann bis etwa zum 10. Lebensjahr nicht nur die bildhafte Ausdrucksweise leicht verstehen, sondern eigentlich überhaupt nur durch Bilder wirklich ansprechbar sind. Im späteren Alter verlangen sie dann immer mehr nach gedanklichen Begründungen.

Vor die Zeit des 3. bis 4. Lebensjahres reicht im Allgemeinen das menschliche Erinnerungsvermögen nicht oder nur bruchstückhaft. Deswegen ist es außerordentlich interessant, dass es Aufzeichnungen von Menschen gibt, deren Erinnerungen bis in die frühesten Säuglingsjahre zurückreichten; z. B. das *Fragment einer Selbstbiografie* des Dichters Adalbert Stifter – ein Text, nicht länger als drei Seiten, der aber so erstaunliche Einzelheiten enthält, dass es mir sinnvoll erscheint, einen längeren Teil davon wörtlich zu zitieren.

«Weit zurück in dem leeren Nichts ist etwas wie Wonne und Entzücken, das gewaltig fassend, fast vernichtend in mein Leben drang und dem nichts mehr in meinem zukünftigen Leben glich. Die Merkmale, die festgehalten wurden, sind: es war Glanz, es war Gewühl, es war unten. Das muss sehr früh gewesen sein, denn mir ist, als liege eine hohe, weite Finsternis um das Ding herum.

Dann war etwas anderes, das sanft und lindernd durch mein Inneres ging. Das Merkmal ist: es waren Klänge.

Dann schwamm ich in etwas Fächelndem, ich schwamm hin und wider, es wurde immer weicher und weicher in mir, dann wurde ich wie trunken, dann war nichts mehr.

Diese Demi-Inseln liegen wie feen- und sagenhaft in dem Schleiermeere der Vergangenheit, wie Urerinnerungen eines Volkes.

Die folgenden Spitzen werden immer bestimmter, Klingen von Glocken, ein breiter Schein, eine rote Dämmerung.

Ganz klar war etwas, das sich immer wiederholte. Eine Stimme, die zu mir sprach, Augen, die mich anschauten, und Arme, die alles linderten. Ich schrie nach diesen Dingen.

Dann war Jammervolles, Unleidliches, dann Süßes, Stillendes. Ich erinnere mich an Strebungen, die nichts erreichten, und an das Aufhören von Entsetzlichem und Zugrunderichtendem. Ich erinnere mich an Glanz und Farben, die in meinen Augen, an Töne, die in meinen Ohren, und an Holdseligkeiten, die in meinem Wesen waren.

Immer mehr fühlte ich die Augen, die mich anschauten, die Stimme, die zu mir sprach, und die Arme, die alles milderten. Ich erinnere mich, dass ich das ‹Mam› nannte.

Diese Arme fühlte ich mich einmal tragen. Es waren dunkle Flecken in mir. Die Erinnerung sagte mir später, dass es Wälder gewesen sind, die außerhalb mir waren. Dann war eine Empfindung wie die erste meines Lebens. Glanz und Gewühl. Dann war nichts mehr.

Nach dieser Empfindung ist wieder eine große Lücke. Zustände, die gewesen sind, mussten vergessen worden sein.

Hierauf erhob sich die Außenwelt vor mir, da bisher nur Empfindungen wahrgenommen worden waren. Selbst Mam, Augen, Stimme, Arme waren nur als Empfindung in mir gewesen, sogar auch Wälder, wie ich eben gesagt habe ...»[34]

Stifter dringt hier erinnernd in eine Welt ein, die dem Menschen normalerweise verschlossen ist. Die erste Erinnerung ist sonst meist mit einem besonderen äußeren Erlebnis verbunden, einem Erwachen an der Außenwelt, manchmal ist es ein Schockerlebnis.

Was Stifter erinnert, ist ganz und gar Innenerlebnis oder, besser gesagt, eine Einheit von innen und außen. Zunächst ein Schwimmen in Klängen und Farben, in Farbenfluten, die noch nicht an die Dinge fixiert sind, aber verbunden mit einem Gefühl ungeheurer Stärke: Wonne und Entzücken, gewaltig fassend, fast vernichtend. Hier gibt es noch keinen Raum, aber auch kein vorstellbares Bild, man könnte von Eindimensionalität sprechen. Körperliches und Seelisches sind noch ganz eins: Glanz, Klänge, Weichheit. In Rudolf Steiners Terminologie könnte man wohl von einem «Weben in der Astralwelt» sprechen. Dies alles ist in den Worten Stifters «wie die Urerinnerungen eines Volkes».

Danach tauchen klarere Sinneseindrücke auf: Klingen von Glocken, breiter Schein, Stimme und berührende Arme, noch ohne das Vermögen, dieses zu etwas Gestalthaftem zusammenzufassen, doch deutlich differenziert in Lustvolles und Schmerzliches. Das ist das, was auch wir im Umgang mit Säuglingen von außen wahrnehmen: schmerzvolles Schreien und holdseliges Lächeln. Wir sind berührt und bezaubert von der Unmittelbarkeit, mit der diese Regungen auftreten. Leib und Seele sind noch wie eins. Hören und Sehen, Schmecken und Tasten sind auf das Intensivste mit der Empfindung verbunden.

Dann, als letzte der beschriebenen Stufen, «erhebt sich die Außenwelt». Aber zunächst hat diese noch ganz den Charakter der Innenwelt. Sie ist noch durchseelt. Innen und Außen sind zwar getrennt, aber die äußere Wahrnehmung hat noch Gefühlscharakter, sie hat eine seelische Ausstrahlung.

Zusammenfassend kann man sagen: Die zunächst alles durchdringende Gefühlssubstanz differenziert sich in eine innere Sinnesempfindung, die sich in einem nächsten Schritt an den Bildern der Außenwelt festmachen kann.

Meister Eckhart sprach davon, dass die Seele zwei Augen hat, eins inwendig und eins auswendig. Das innere Auge der Seele siehet in das Wesen. Das äußere Auge der Seele ist gegen alle Kreaturen gekehrt und merkt sie nach bildlicher Weise. Vielleicht kann man auch sagen, dass es dasselbe Auge ist, das nach innen schauen kann oder auch nach außen – je nach der Blickwendung.

Diese Zuwendung zur Außenwelt «in bildlicher Weise» ist eine ganz neue Bewusstseinsstufe des Kindes. Es ist eine durchseelte Gegenstandswahrnehmung. Sie umfasst die Kindergartenjahre und die erste Schulzeit. Das Kind lebt jetzt ganz in Bildern. In Bildern erkennt es die Welt. Diese Bilder haben noch eine «symbolische» Ausstrahlung. Es sind Urbilder. In dieser Zeit ist die angemessene Seelennahrung für das Kind das Märchen; daran kann es sein Weltbild formen, denn – so Rudolf Steiner – «das Märchen hat es dahin gebracht, das Allertiefste im geistigen Leben in der allereinfachsten Weise zum Ausdruck zu bringen».[35]

Es ist interessant, unter dem Gesichtspunkt dieser Bewusstseinsentwicklung Kinderzeichnungen anzuschauen, denn in diesen haben wir einen spontanen Ausdruck des kindlichen Erlebens. Das ganz kleine Kind nimmt einen Stift und kritzelt das Blatt voll. Das ist die reine Willenshandlung, die Farbe des Stiftes ist dabei auch ziemlich gleichgültig. Irgendwann aber fängt das Kind an, etwas zu gestalten, etwas Bestimmtes darstellen zu wollen – Häuser, Bäume, Männlein –, aber alles bleibt in der Fläche. Das ist nicht nur Unfähigkeit im Technischen, sondern Ausdruck seines Bewusstseinszustandes. Das Kind hat ein imaginatives, dem Märchen mit seinem flächenhaften Stil angemessenes Bewusstsein.

Das 5. bis 9. Lebensjahr sind die eigentliche Märchenzeit, danach versinkt die Welt der inneren Bilder und das Kind beginnt, die Welt räumlich zu erleben. In den Zeichnungen ist es nun bemüht, das räumliche «Dahinter» auch zu erfassen. Natürlich kann es noch nicht perspektivisch zeichnen, das muss bewusst erlernt werden, aber seine Bemühung geht in diese Richtung. Damit sind wir am Ende des «Märchenalters» angekommen. Von nun an besteht die Welt aus «Dingen», so wie unsere Erwachsenenwelt, die wir – das ist leider unsere Erfahrung – in fortschreitendem Maße als entseelt erleben.

Parallel zur Wahrnehmungswelt entwickelt sich beim Kind als Erkenntnisorgan das Denkvermögen. Die Trennung zwischen außen und innen wird damit schärfer. Die Wahrnehmung rückt noch mehr nach außen, das Denken mehr nach innen. Wir können dem Kind jetzt nicht mehr ohne weiteres ansehen, was es denkt – was vorher weitgehend der Fall war, weil das Denken noch stark willensdurchdrungen war. Das intellektuelle Denken wird jetzt immer griffiger, bis es in der Pubertät einen gewissen Höhepunkt erreicht und damit das Kinderbewusstsein in der Vergangenheit versinkt.

Der Bewusstseinsumschwung der Menschheit vor dem Beginn der Neuzeit

Nach der Ansicht der Brüder Grimm sind die Märchen entstanden «aus einem alten Glauben, der sich in bildhafter Auffassung übersinnlicher Dinge ausspricht». Rudolf Steiner drückte es so aus: «In alten Zeiten waren die religiösen Vorstellungen, auch Mythen und Märchendichtungen das, was den Seelen Licht gab für die Geisteswelt ... Indem solche Vorstellungen in der Seele sind, werfen sie Geisteslicht auf die geistige Welt. Kraftvorstellungen sind das. So sind alle Mythen beschaffen, weniger um äußerlich abzubilden, sondern um in der geistigen Welt leben zu können.»[36] Seither hat das Bewusstsein der Menschheit einen langen Weg gemacht und eine bedeutende Schwelle überschritten: die Schwelle vom imaginativen zum denkenden Bewusstsein, oder – wie Steiner es bezeichnet – von der Verstandes- oder Gemütsseele zur Bewusstseinsseele.

In welchem Verhältnis standen die Menschen früherer Zeiten zu sich selbst und ihrer Umwelt? Dieser Frage möchte ich versuchen genauer nachzugehen:

Auch für uns kann der Übergang vom Schlafen zum Wachen bedeutsam sein; häufig fallen uns in dieser Zeit wichtige Dinge ein. Aber damals waren diese Übergangsphasen viel ausgedehnter als heute. Der Schlaf schob sich sozusagen in das Wachen hinein und erhellte sich dabei zu Bildern, es war ein «wachendes Träumen». Jacob Böhme (1575–1624) nannte diese Bilderwelt «die Tinktur». Man erlebte sie wie aus den Kräften des Körpers hervordampfend und war davon wie von einer lichten Wolke, «dem Astrum», umhüllt. Man sprach davon, wie man sich «die reine Tinktur des eigenen Astrums» erhalten könne, wenn das Tagesleben dieses zu überwältigen drohe. Wir würden andere Worte wählen und vielleicht von den traumhaften Imaginationen im eigenen Astralleib sprechen. Von diesen fühlte man sich «wie von einem violetten Lichte umstrahlt».[37] Ähnliches kann man bei Hildegard von Bingen lesen. Diese berichtet von flammenfarbenen Wolken, von denen sie selbst wie auch die Dinge der Umgebung umgeben war. Durch dieses Licht sprachen z.B. die Pflanzen sich aus über die Heilkräfte, die in ihnen schlummern. Die Umwelt wurde noch als etwas lebendig Beseeltes erlebt, woraus sich Gedanken ergaben; das heißt, man hatte Begriffe, die von Imaginationen durchzogen waren, oder – umgekehrt – man lebte in Bildern, die zugleich Gedanken waren. Dieses Bewusstsein liegt auch der sogenannten «Alchemie» zugrunde.

«Die Menschen früherer Zeiten trennten das eigene menschliche Seelenerleben noch nicht von dem Naturleben ab. Sie stellten sich nicht als ein besonderes Wesen neben die Natur hin, sie erlebten sich in der Natur, wie sie in derselben Blitz und Donner, das Treiben der Wolken, den Gang der Sterne, das Wachsen der Pflanzen erlebten.»[38]

Diese Art des Miterlebens mit dem Makrokosmos ging mit der Zeit verloren, was von den Menschen sehr schmerzlich empfunden wurde. Die germanische Sage berichtet vom Tode Baldurs. Der Gott Baldur war der Repräsentant des alten Naturbewusstseins, in dem die Menschen noch auf einer blühenden Wiese eine Fülle elementarischer Wesen erlebten, die mit dem Wachsen und Blühen verbunden waren, bis eine gewaltige Bewusstseinsänderung eintrat, bei der diese Fähigkeit verschwand.

Diese Bewusstseinsrevolution schildert Steiner als ebenso einschneidend, wie wenn die Menschen heutiger Zeit plötzlich in die Lage versetzt würden, die Welt nur noch grau in grau sehen zu können, ohne jegliche Farbe. Der Baldurmythos erzählt davon, dass die alte Hellsichtigkeit, von der die Welt geistig «erhellt» worden war, erlosch. Man muss sich allerdings dieses Hinschwinden des alten Hellsehens als einen sich über lange Zeiten hinziehenden Prozess vorstellen. Noch bis ins Mittelalter hinein waren Reste davon vorhanden.

Unser heutiges Bewusstsein unterscheidet sich von dem damaligen zweifellos ganz beträchtlich. Die Lichtwolke, die Menschen und Dinge verklärte – denken wir an die Aura der Heiligen auf alten Gemälden –, ist verschwunden. Die Außenwelt wurde entseelt – oder ist es unser Blick, mit dem wir in die Außenwelt schauen?

Werfen wir einen Blick auf die Entwicklung der Malerei im Mittelalter. Bis zum 14., 15. Jahrhundert entstanden in den Kirchen Mitteleuropas noch die schönen gotischen Gemälde mit den Figuren auf Goldgrund. Etwas später erscheinen die Natur, die Pflanzen- und Tierwelt im Hintergrund und die Bilder bekommen immer mehr räumliche Tiefe. In das rein imaginative Erleben mischen sich naturalistische Elemente hinein.

Auch an den Volkssagen, die neben den Märchen aus dem Mittelalter überliefert sind, kann man bemerken, dass das menschliche Bewusstsein mit der Zeit seine Einheitlichkeit verlor, dass man die Wahrheit jetzt immer mehr auf einer anderen Ebene suchte als der imaginativen. In die Bildvorstellungen der Volkserzählungen mischten sich nun solche von realen geografischen Orten und historischen Persönlichkeiten, aber man wusste nicht mehr oder noch nicht, wie sich die sinnliche und die übersinnliche Welt zueinander verhalten. Max Lüthi führt aus, wie angsterweckend dieser Zustand sein kann. Sagen und Legenden sind Erzählformen, die aus einem solchen gemischten Bewusstsein hervorgegangen sind. Real Gemeintes und «Geschautes» ließ man erzählend unmittelbar ineinander übergehen. Hierfür ein Beispiel.

Der verzauberte König zu Schildheiß.

«Das alte Schloss Schildheiß, in einer wüsten Waldgegend von Deutschböhmen, sollte aufs Neue gebaut und wiederhergestellt werden. Als die Werkmeister und Bauleute die Trümmer und Grundfesten untersuchten, fanden sie Gänge, Keller und Gewölbe unter der Erden in großer Menge, mehr als sie gedacht. In einem Gewölbe saß ein gewaltiger König im Sessel, glänzend und schimmernd von Edelgestein, und ihm zur Rechten stund unbeweglich eine holdselige Jungfrau, die hielt dem König das Haupt, gleich als ruhete es drinnen. Als sie nun vorwitzig und beutegierig näher traten, wandelte sich die Jungfrau in eine Schlange, die Feuer spie, sodass alle weichen mussten. Sie berichteten aber ihrem Herrn von der Begebenheit, welcher alsbald vor das bezeichnete Gewölbe ging und die Jungfrau bitterlich seufzen hörte. Nachher trat er mit seinem Hund in die Höhle, in der sich Feuer und Rauch erzeigte, sodass der Ritter etwas zurückwich und seinen Hund, der vorausgelaufen war, für verloren hielt. Das Feuer verlosch, und wie er sich von neuem näherte, sah er, dass die Jungfrau seinen Hund unbeschädigt im Arme hielt, und eine Schrift an der Wand, die ihm Verderben drohte. Sein Mut trieb ihn aber nachher dennoch an, das Abenteuer zu wagen, und er wurde von den Flammen verschlungen.» [39]

Hier haben wir ein visionäres Erlebnis in einen historischen Bericht eingeschoben, beide Teile gehen ineinander über, setzen sich nicht voneinander ab. Auch hat die Erzählung keine eigentliche Komposition, es könnten noch weitere Einzelheiten folgen.

Manche Volkssagen wurden im 12./13 Jahrhundert von namentlich bekannten Dichtern zu Epen gestaltet. Rudolf Steiner erwähnt in den sogenannten *Michaelbriefen*[40] die *Sage vom Guten Gerhard* von Rudolf von Ems, eine einerseits fast realistisch anmutende Erzählung, in der die Menschen aber in der Außenwelt noch wie im Nebel herumtappten. Eine Nachricht von Köln nach London zu befördern, war damals fast nicht möglich. Ähnliches liegt im *Volksbuch vom Herzog Ernst* vor, der eine Reise von Indien über Babylon nach Jerusalem macht, ans Ende der Welt kommt und von dort rasch nach Nürnberg zurückkehrt. Dabei hat er die seltsamsten Begegnungen mit phantastischen Fabelwesen, Riesen und Zwergen. Ein wirklich von Imaginationen getragenes Bewusstsein war zu jener Zeit nicht mehr vorhanden und das gedankengetragene noch nicht stark genug, und so nahm man übersinnliche Erlebnisse entweder ganz oberflächlich oder abergläubisch auf.

In ein solches Bewusstsein – so führte Rudolf Steiner aus – können luziferische Mächte, also Kräfte des Irrtums eingreifen. Sie ließen den Menschen in Imaginationen sinnen, ohne ihn seelisch ganz in die Welt versetzen zu können, in denen Imaginationen vollgültig sind.[41] So entstand ein chaotisiertes Mischbewusstsein. Aus diesem Grund musste etwas geschehen, das den Menschen verhalf, dieses gemischte Bewusstsein zu «entmischen». Sie mussten klar unterscheiden lernen zwischen der äußeren Welt der Dinge und dem innerlich Erschauten. Ganz entsprechend muss ein Kind irgendwann so weit sein, dass es Gesehenes und Gedachtes von den Phantasiegebilden seiner Spielwelt unterscheiden lernt. Bei einer normalen Entwicklung ist das kein Problem.

Es ist eine auffallende Tatsache, dass in den Märchen jener Zeit nicht verschiedene Bewusstseinsebenen ineinander übergehen wie in den Sagen und Legenden. Im Märchen spielt alles auf einer Ebene, wie es – oben bereits ausgeführt – Max Lüthi anhand des Sprachstils der Märchen herausgearbeitet hat. Nichts ist realistisch zu deuten, es gibt keine Orte, keine Zeiten, keine individuellen Namen. Alle Bilder sind, im Sinne von Rudolf Steiner, reine Imaginationen. In dieser Konsequenz finden wir dies allerdings nur in Europa, nicht beim orientalischen Märchen und nicht bei den Märchen der Naturvölker. Die Frage entsteht, wodurch die Märchen sich in dieser reinen bzw. «gereinigten» Form hier erhalten haben.

Rosenkreuzer-Wirksamkeit im Märchen

Obwohl viele Märchenmotive bereits aus mythologischer Vorzeit stammen, sind die Märchen in der Gestalt, wie sie seit zwei Jahrhunderten gesammelt und schriftlich niedergelegt worden sind, in allgemeiner Verbreitung erst seit dem späten Mittelalter nachweisbar. Sie sind parallel zu den Volkssagen entstanden und von diesen deutlich unterscheidbar.[42]

Dies ist ein Ergebnis der Märchenforschung, kann aber als solches auch leicht dadurch nachvollzogen werden, dass die in den Märchen geschilderte Umwelt offensichtlich die des mittelalterlichen Menschen ist: Dieser lebte in einem «Königreich» und war als Bauer oder Handwerker tätig usw. In jener Zeit erlebte der Mensch bei allen Dingen, mit denen er umging, noch ihren urbildlichen Charakter. Das änderte sich erst in der Neuzeit.

Wer waren die Erzähler des Mittelalters? Erst seit wenigen Jahrzehnten befasst sich das wissenschaftliche Interesse nicht nur mit dem Erzählten, sondern auch mit den Erzählern. Die Quellen fließen allerdings spärlich. Was wir von den Märchenerzählern wissen, beschränkt sich vorwiegend auf die Gegenwart, wo sich in abgeschiedenen Gegenden manchmal noch Reste alter Traditionen erhalten haben. Auch die Märchensammler im 19. Jahrhundert haben hin und wieder erwähnt, in welcher Situation und von wem sie das Märchen erzählt bekommen haben. Eines der sparsamen Ergebnisse ist, dass die Erzähler meist einfache Leute aus den unteren Schichten der Gesellschaft waren. Es gab Familien, in denen die Würde des Erzählers von einer Generation an die andere weitergegeben wurde. Und es gab Wandernde, Minstrels, Barden, Rhapsoden oder wie man sie nennen will. Der mit dem Erzählen einhergehende Vorgang der mündlichen Überlieferung ist für den Gegenwartsmenschen, der sein Gedächtnis weitgehend an die Technik abgegeben hat, in weite Ferne gerückt.

Es gab, so die Befunde Rainer Wehses, Länder in Europa, in denen Spinnstubenabende gelegentlich verboten wurden, die Erzähler exkommuniziert, ausgepeitscht oder eingekerkert, wie aus alten Gerichtsakten hervorgeht. In Russland gab es Zaren, die die bäuerlichen Traditionsträger nach Sibirien verbannten. Geschah dies wirklich, wie Wehse annimmt, aus politischen Gründen, «weil die symbolische Sprache verdächtig war als Zeichen der Unzufriedenheit mit den Umweltbedingungen»? Das scheint mir eher unwahrscheinlich in einer Zeit, wo das Bewusstsein der Menschen noch so stark im Bildhaften lebte, dass eine symbolische Sprache nicht außergewöhnlich war. Es muss noch andere Gründe gegeben haben.

Hier möchte ich zurückkommen auf Rudolf Steiners Ausführungen in dem bereits im Vorwort erwähnten Vortrag vom 10. Juni 1911 mit dem Titel «Rosenkreuzerisches Weistum in der Märchendichtung».[43] Auch Steiner stellte die Märchenerzähler als fahrende Leute dar, die insbesondere in Mittel- und Osteuropa von Dorf zu Dorf, von Stadt zu Stadt zogen und erzählten, was die Menschen einerseits mit Lust und Freude anhörten, aber andererseits tiefe Weisheiten enthielt.

Wir lasen bereits, dass er sie «Rhapsoden» nannte, die es in den Tempeln der Rosenkreuzer gelernt hatten, solche Bilder vor die Menschen hinzustellen. Und er bemerkte außerdem: «... Immerzu senden die geistigen Zentren ihre Abgesandten in die Welt, damit in einem jeden Zeitalter das, was in den Tiefen des Geistes ruht, an die Menschenseelen herangebracht werden kann.»[44]

Das ist eine geheimnisvolle Aussage. Soll man daraus schließen, dass die Märchen in den Tempeln der Rosenkreuzer entstanden sind? Ganz so würde ich es nicht sehen, da mythisch-märchenhafte Bilder bis in die älteste Vergangenheit zu verfolgen sind. Eher könnte man wohl sagen: In den Tempeln der Rosenkreuzer haben sie ihre charakteristisch märchenhafte Gestalt erhalten als reine Imaginationen ohne «naturalistische» Beimischungen. In diesen Tempeln sind sie gereinigt, «entmischt» worden.

Es gibt wenige Überlieferungen von der Wirksamkeit der Rosenkreuzer. Gewiss ist, dass sie sehr im Verborgenen wirkten – das war einer ihrer Grundsätze. Aus diesem Grund sind für Spekulationen und jede Art der Nachrede, sowohl der bewundernden als auch der üblen, Tür und Tor geöffnet.[45]

Die Forschung setzt im Allgemeinen bei den vor dem Dreißigjährigen Krieg in hermetisch-gnostischer Tradition stehenden «Rosenkreuzerschriften» von Johann Valentin Andreae an, auf die ich mich ebenfalls stützen möchte, insbesonders die Biografie des Christian Rosenkreutz betreffend. Vorwiegend beziehe ich mich allerdings auf die Forschungen von Rudolf Steiner.

Es gibt aus jener Zeit die folgenden drei Rosenkreuzerschriften:

1. *Fama Fraternitatis oder Brüderschaft des hochlöblichen Ordens des R. C. An die Häupter, Stände und Gelehrten Europas (Kassel 1614)*
2. *Confessio Fraternitatis oder Bekenntnis der löblichen Bruderschaft des hochgeehrten Rosenkreuzes an die Gelehrten Europas geschrieben (Frankfurt 1615)*
3. *Chymische Hochzeit Christiani Rosencreutz. Anno 1459 (Straßburg 1616). Bereits 1604 handschriftlich verbreitet.*

Diese Schriften hatten in der Zeit, als sie erschienen, eine revolutionäre Wirkung: «Das Aufsehen, das der Rosenkreuzer-Aufruf erweckte, kann schwerlich stark genug eingeschätzt werden. Eine Flut von Flugschriften ergoss sich in den nächsten Jahren über die deutschen Lande. Freunde und Gegner ergriffen das Wort.»[46]

Aber die Gegner waren durchaus erfolgreich. Es gab ungeheuer viele Verleumdungen und Verzerrungen des ursprünglichen Impulses, und bis heute, auch unter den Wohlmeinenden, viele Missverständnisse. Man muss bedenken, dass mit den Rosenkreuzer-Manifesten nichts Geringeres beabsichtigt war als eine Weltreformation in religiöser, wissenschaftlicher und politischer Hinsicht. Dieser Impuls ist untergegangen, einerseits in den Wirren des Dreißigjährigen Krieges, aber auch durch Anfeindungen von kirchlicher Seite.[47]

In der nachfolgenden Zeit bis heute sind hunderte von «Rosenkreuzerbewegungen» entstanden und wieder verschwunden und tausende von Schriften über die Bruderschaft erschienen.[48]

Zu Beginn des 20. Jahrhunderts begründete Jan von Rijckenborgh (1896–1968) in den Niederlanden das «Lectorium Rosicrucianum». Er war ernsthaft um ein hermetisch-gnostisches Christentum bemüht und hat sicher auch vieles von Rudolf Steiner übernommen. Um die gleiche Zeit begründete Demetrius Georgiewitz-Weitzer (1873–1949), auch G.W. Surya genannt, die Bewegung der «Modernen Rosenkreuzer».

Aus alldem kann man entnehmen, dass die Bezeichnung «Rosenkreuzer» vielfach gebraucht und auch missbraucht worden ist. Der Zusammenhang des alten Rosenkreuzertums mit den Volksmärchen wird aber lediglich von Rudolf Steiner erwähnt, wie auch eine Fülle anderer wichtiger Mitteilungen und Charakteristiken.

Äußerungen über Christian Rosenkreutz und das Rosenkreuzertum durchziehen – häufig als kurze Andeutungen und Einschübe – sein Werk vom Anfang bis zum Ende.[49]

Dabei hat Rudolf Steiner das Rosenkreuzertum immer wieder unter verschiedenen Aspekten betrachtet, die es zu unterscheiden gilt. Zum einen stellt er dar, wie die Rosenkreuzerströmung große Zeiträume durchzieht, weitgehend identisch mit der Strömung des esoterischen Christentums, die schon seit den frühchristlichen Jahrhunderten neben dem offiziellen Kirchenchristentum existierte und sich in den verschiedensten religiösen Gruppierungen manifestierte – fast alle als Ketzer verfolgt und bekämpft, wie zum Beispiel die Templer. Dabei darf man sich diese Fortsetzung der Templerwirksamkeit im Rosenkreuzertum sicher nicht äußerlich vorstellen, eher so, dass die Geistigkeit des vernichteten Templerordens in die Rosenkreuzerströmung einfloss.

An anderer Stelle führt Steiner aus, dass die rosenkreuzerische Bewegung im engeren Sinne im 13. bis 14. Jahrhundert ihren Anfang nahm. Damit deutet er auf den Beginn des Zeitalters der Bewusstseinsseele (1413) mit einer entsprechenden Vorbereitungszeit und zugleich auf die Lebenszeit des Christian Rosenkreutz (1378–1484) hin, der im Jahre 1459 seinen geheimen Orden gründete. Dieser bestand in einer zunächst sehr kleinen Gruppe von Brüdern, die sich einmal im Jahr trafen, sonst aber an den verschiedensten, weit verstreuten Orten ihre Wirksamkeit entfalteten. Hier sind nun die oben genannten «Rhapsoden» einzuordnen.

Wir müssen uns unter diesen Rosenkreuzer-Brüdern Menschen vorstellen, die unauffällig zwischen anderen lebten und einfache Berufe ausübten. Häufig waren sie Kräuterkundige oder Heiler. Es wird betont, dass sie keine spezielle Kleidung trugen, an der man sie erkennen konnte, was uns nicht seltsam erscheint, war es im Mittelalter aber durchaus üblich, dass man an der Tracht feststellen konnte, aus welchem Landesteil ein Mensch stammte, welchen Beruf er ausübte, wes Geistes Kind er war. Professoren und Geistliche hatten ihre spezifischen Gewänder, und natürlich konnte man an der Kutte die verschiedenen Mönchsorden unterscheiden. Sogar die Hugenotten kennzeichneten sich durch ihre Kleidung, eine erstaunliche Tatsache angesichts ihrer oft grausamen Verfolgung. Man denke nur an die berüchtigte Pariser «Bartholomäusnacht» im Jahre 1572.

Zur rosenkreuzerischen Geistigkeit gehört für Rudolf Steiner auch eine bestimmte Art der Einweihung, die dann grundlegend für den anthroposophischen Schulungsweg wurde. In alten Zeiten, z. B. im Griechentum, fanden die Einweihungen in speziellen Tempelgebäuden statt. Von solch äußerlich sichtbaren Bauten ist bei Steiners Aussage über die «Rosenkreuzertempel» sicher nicht die Rede.

In den Vorträgen über *Die Weltgeschichte in anthroposophischer Beleuchtung* erwähnt er noch einmal das Tempelmotiv im Zusammenhang mit den Rosenkreuzern. Hier wird deutlich, was gemeint ist: «Die Tempel der Rosenkreuzer waren tief verborgen für das äußere physische Erleben. Viele wirkliche Rosenkreuzer waren Besucher der Tempel, aber kein äußeres physisches Menschenauge konnte die Tempel finden. Schüler aber konnte es geben, die kamen zu diesen alten Rosenkreuzern, die da und dort wie Eremiten des Wissens und der heiligen Menschentat zu finden waren ... Den Rosenkreuzer-Meister fand man, wenn man sich erst die Fähigkeit erworben hatte, im physischen milden Augenglanz die Himmelssprache vernehmen zu können. Dann fand man in anspruchslosester Umgebung, in anspruchslosesten menschlichen Verhältnissen, gerade im vierzehnten, fünfzehnten Jahrhundert in Mitteleuropa diese merkwürdigen Persönlichkeiten, die in ihrem Innern gotterfüllt waren, die in ihrem Innern zusammenhingen mit den geistigen Tempeln, die vorhanden waren, zu denen der Zugang wirklich so schwierig war wie derjenige, der als Zugang zum heiligen Gral in der bekannten Legende geschildert wird.» [50]

Wahrscheinlich war es so, dass die Rosenkreuzerbrüder, die unerkannt zwischen den Menschen lebten – wozu sicher auch äußere Gründe vorhanden waren, wenn man bedenkt, dass es sich um die Zeit der Ketzerverfolgung und der Hexenprozesse handelte –, im Volk so wirkten, dass sie Erzählungen verbreiteten, in denen ihre Weisheiten in Bildform enthalten waren. Selbstverständlich haben sie nicht die Märchen «erfunden». Das Märchenerzählen war sicher seit langer Zeit üblich. Und natürlich wurde vieles im Volke erzählt, nicht nur Rosenkreuzermärchen, aber es gab offensichtlich wandernde Erzähler, die bei den Rosenkreuzern gelernt haben.

Ich denke, dass man mit ziemlicher Sicherheit annehmen darf, dass es die Rosenkreuzer waren, die aus den bewusstseinsmäßig «gemischten» Volksüberlieferungen alles Materielle ausschieden und die reine Bildgedankensubstanz gemäß ihrer Weisheit gestalteten und durchkomponierten. Ihre Weisheit war eine durch und durch christliche, wenn auch nicht im konfessionellen Sinne. In der Seele des Volkes wirkten diese Bilder wie Keime, von denen aus christliche Stimmung sich ins tägliche Leben ergoss. Für die Wissenden waren die Bilder Meditationsinhalte.

So entstanden die in der Märchenforschung im Gegensatz zu Sagen und Legenden so genannten Zaubermärchen (Märchen im eigentlichen Sinne).

Ich denke, wir können Steiners Mitteilung von der Herkunft der Märchen aus den Rosenkreuzertempeln in dieser Weise verstehen.

Von Rudolf Steiner erfahren wir auch, dass die sogenannte «Tempellegende» von Hiram, Salomo und der Königin von Saba, deren Grundlagen im Alten Testament im 1. Buch der Könige enthalten ist, erstmals im 15. Jahrhundert von Christian Rosenkreutz seinen intimen Schülern übermittelt worden sei. Auch hier handelt es sich um einen Bildinhalt, der durchaus in exoterischen Kreisen erzählt, aber esoterisch nur im engsten Kreise interpretiert wurde. Ähnliches können wir uns bei den Volksmärchen vorstellen.

Durch diese Fähigkeit, Bewusstseinsqualitäten voneinander zu sondern, waren die mittelalterlichen Rosenkreuzer auch dazu in der Lage, ein klares naturwissenschaftliches Denken für die kommende Zeit vorzubereiten.

Fassen wir nun etwas genauer die von Rudolf Steiner «die Rosenkreuzerzeit im engeren Sinne» genannte Zeit ins Auge. Diese umfasst ungefähr die im sechsten Kapitel der *Confessio Fraternitatis* überlieferte Lebenszeit derjenigen Persönlichkeit, die der ganzen Strömung ihren Namen gegeben hat: Christian Rosenkreutz; 1378–1484, eine Zeitspanne von mehr als 100 Jahren.

Ziemlich genau hier können wir den Beginn der Neuzeit bzw. des naturwissenschaftlichen Zeitalters ansetzen: 1413 begann, wie schon erwähnt, das Zeitalter der Bewusstseinsseele. Das alte hellseherische Bewusstsein war nun weitgehend abgeklungen, wenngleich noch nach 1520 Martin Luther den Teufel so konkret erlebte, dass er mit dem Tintenfass nach ihm warf. Dennoch kann man sagen, dass es die Zeit ist, «in der sich die Außenwelt vor den Menschen erhob», wie Adalbert Stifter es ausdrückte, und in der die geistige Innenwelt versank. Hier liegen auch die Anfänge der reformatorischen Bewegung. Jan Hus lebte von 1339 bis 1415, und Martin Luther wurde ein Jahr vor dem Tod von Christian Rosenkreutz geboren (1483).

Reformation und Rosenkreuzertum kann man durchaus in einem gewissen Zusammenhang sehen. Martin Luther wählte sich als Wappen ein Rosenkreuz, allerdings ein anderes als jenes, das wir aus der Anthroposophie kennen: Eine weiße Rosenblüte, darin ein rotes Herz mit einem schwarzen Kreuz verbunden mit dem Wahlspruch: «Des Christen Herz auf Rosen geht, wenn's mitten unterm Kreuze steht.» Der Farbklang Schwarz-Weiß-Rot ist offensichtlich zum Rosenkreuzertum gehörig. Er ist auch charakteristisch für die Märchen; andere Farben kommen dort sehr selten vor.

Über die Biografie des Christian Rosenkreutz wird uns in der *Fama Fraternitatis* Folgendes berichtet: Er sei in Deutschland als Kind adeliger Eltern geboren. Über seinen Geburtsnamen erfahren wir nichts, ebenso wenig über den Geburtsort. Fünfjährig kam er in eine Klosterschule, lernte Griechisch und Latein und war noch sehr jung, als er sich mit einem Begleiter auf eine Reise zum Heiligen Grab begab. Sein Gefährte starb in Zypern, dennoch kehrte er nicht zurück, sondern ließ sich mit einem Schiff nach Damaskus übersetzen. Dort muss er ein Erlebnis gehabt haben, das dem Damaskus-Erlebnis des Paulus glich. Als er nach längerem Aufenthalt von der Weisheit der Gelehrten in Damcar in Arabien hörte, wendete er sich, statt nach Jerusalem, dorthin. Die Weisen empfingen ihn wie einen alten Bekannten, ein Motiv, das wir auch in der *Chymischen Hochzeit* finden, wo der Bruder Rosenkreutz vom Türhüter des Schlosses mit den Worten begrüßt wird: «Willkommen sei mir der Mensch, den ich längst gern gesehen hätte.»

Die Stadt Damcar heißt heute Dhamar und liegt im südlichen Arabien, dem heutigen Jemen, südlich von Sanaa. Es war in alter Zeit das Land der Königin von Saba, von wo aus die Legende die Heiligen Drei Könige nach Bethlehem ziehen lässt.

Hier in Arabien lernte Christian Rosenkreutz Mathematik und Physik, fuhr drei Jahre später weiter über das Rote Meer nach Ägypten und dann nach Fez in Marokko. Über Spanien kehrte er nach Deutschland zurück, wo er sich niederließ, ein Haus baute und das umfangreiche Wissen, das er sich erworben hatte, verarbeitete. Ebenso wie über den Geburtsort wird auch über diesen Ort keine genauere Angabe gemacht.

Er nahm einige Mitarbeiter zu sich und stiftete eine Bruderschaft, die mit drei Brüdern begann und auf acht anwuchs, eventuell auch auf zwölf, aber wesentlich zahlreicher scheint sie zu seinen Lebzeiten nicht gewesen zu sein. Zwei der Brüder blieben immer bei ihm, während die anderen «in alle Lande» zogen. Die Bruderschaft war also gering an Zahl, aber doch in Europa in ganz verschiedenen Ländern vertreten. Zwei konkrete Orte werden in der *Fama* genannt, wo Brüder gestorben sind: der eine in England, der andere in Narbonne.

Die Brüder hatten sich auf folgende Regel verpflichtet:

1. Keiner soll sich einer anderen Beschäftigung hingeben, als Kranke zu pflegen, und zwar unentgeltlich.
2. Keiner soll genötigt sein, der Bruderschaft wegen eine bestimmte Kleidung zu tragen; er soll sich vielmehr derjenigen des Landes anpassen.
3. Ein jeder Bruder soll sich alle Jahre am Pfingsttag einstellen oder den Grund seines Ausbleibens mitteilen.
4. Ein jeder Bruder soll sich nach einer geeigneten Person umsehen, die gegebenenfalls an seine Stelle treten kann.
5. Das Wort «R.C.» soll ihr Siegel, Losung und Kennzeichen sein.
6. Die Bruderschaft soll einhundert Jahre (bzw. 120 Jahre) verschwiegen bleiben.[51]

Im Zusammenhang mit dem letzten Punkt wird verständlich, was Rudolf Steiner von dem immerhin über hundertjährigen Leben des Christian Rosenkreutz sagte: «Während dieser Zeit lernten kaum andere Menschen C.R. kennen außer seinen Zwölf. Es ist dies nicht so aufzufassen, als ob C.R. nicht auch unter anderen Menschen herumgegangen wäre, sondern nur so, dass die anderen Menschen ihn nicht erkannten.»[52]

An diesem Umstand, und auch daran, dass die «Rosenkreuzerschriften», wie erwähnt, erst aus späterer Zeit, vom Anfang des 17. Jahrhunderts, stammen, liegt es, dass in der heute gängigen Wissenschaft Christian Rosenkreutz nicht als historische Persönlichkeit gilt. Das betrifft auch den bekannten Rosenkreuzer-Forscher Gerhard Wehr, der schreibt: «Trotz gründlicher historischer Forschung begegnet man immer noch Verfechtern eines Rosenkreuzertums, das die archetypische Gestalt jenes Christian Rosencreutz als eine historische Persönlichkeit missversteht.»[53]

Natürlich ist es für ein kritisches, objektiv sein wollendes historisches Bewusstsein naheliegend, alle Quellen genau zu prüfen, sie eventuell anzuzweifeln oder für nichtig zu erklären. Letzteres wiederum ist auch eine fragwürdige Sache, denn welche Urteilskriterien legt man dabei zugrunde? Offensichtlich fehlt den sogenannten «Rosenkreuzerschriften» der wissenschaftliche Beweischarakter. Wenn man sie auf das 15. Jahrhundert bezieht, sind es keine unmittelbaren Zeitzeugnisse, sondern sie sind im Nachhinein verfasst. Allerdings ist es interessant, dass die bedeutendste dieser Schriften, die *Chymische Hochzeit Christiani Rosencreutz 1459*, zwar 1616 gedruckt wurde, aber bereits 1603/1604 handschriftlich existierte. Das ist ganz genau 120 Jahre nach dem Tod von Christian Rosenkreutz, entspricht also der oben genannten Regel.

Nebenbei bemerkt: Auch das tatsächliche Leben eines Jesus von Nazareth lässt sich mit den üblichen historischen Methoden nicht nachweisen, weil das Zeugnis der Evangelien dank ihrer Widersprüchlichkeit keine Gültigkeit zu haben scheint.

Nicht historisch beweisbar sind auch zum Beispiel Shakespeare und Matthias Grünewald. Lässt sich das tatsächliche Leben von Christian Rosenkreutz nicht beweisen, so lässt es sich ebenso wenig beweisen, dass er *nicht* gelebt hat. Zumindest diese Offenheit sollte gerade aus wissenschaftlichen Gründen bewahrt werden.

In der *Fama Fraternitatis* endet der Lebensbericht mit der Erzählung, wie in späteren Zeiten die Brüder seine zunächst unbekannte Begräbnisstätte gefunden haben und darin den völlig unversehrten und unverwesten

Leichnam ihres Meisters. In der Hand trug er ein Büchlein, in dem sich nach einem kurzen Lebensbericht die berühmten Rosenkreuzerworte fanden:

Ex deo nascimur,
In Jesu morimur,
Per spiritum sanctum reviviscimus.

Vielleicht ist es der Bericht von dem «unverwesten Leichnam», bei dem jeder wissenschaftlich Fragende zu dem Ergebnis kommen muss, dass er nicht der «Wirklichkeit» entsprechen kann. Für solche Fälle wurde das Wort «legendär» geprägt, also ist wohl dieser Bruder Rosenkreutz nur eine Sagengestalt, eine «Kultgestalt», wie Gerhard Wehr es nennt.

Rudolf Steiner hingegen äußerte sich im Jahre 1924 – also nach langjähriger Beschäftigung mit dem Rosenkreuzertum – folgendermaßen: «Aber wie ich in früheren Auseinandersetzungen dargelegt habe, es hat eine solche Individualität gegeben, die man mit dem Namen Christian Rosencreutz bezeichnen kann, und die in gewisser Weise tonangebend ist für die Art und Weise, wie beim Heraufkommen der neueren Menschheitsphase ein erleuchteter Geist, ein erkennender Geist in ein Verhältnis zur geistigen Welt sich setzen kann.»[54]

Nicht, dass Rudolf Steiner Christian Rosenkreutz als bedeutende Geistgestalt ansah, bringt ihn in Gegensatz zur akademischen Forschung, sondern die Tatsache, dass er diese Geistgestalt nicht in die mythische Vergangenheit, d. h. in die «Unwirklichkeit», verwiesen hat. Er sprach von Christian Rosenkreutz einerseits als von einer historischen Persönlichkeit, andererseits aber von ihrer bis in die Gegenwart fortdauernden Wirksamkeit, die aus dem Grund möglich war, weil ihr «Ätherleib» sich nach ihrem Tode nicht aufgelöst habe. Dabei setzte er allerdings voraus, dass dem zuhörenden Publikum der Begriff Ätherleib oder Lebensleib vertraut war. Er nahm damit sowohl die physische als auch die spirituelle Wirklichkeit dieser Gestalt so konkret, wie man es offensichtlich nicht gerne hört, vor allem aber mit dem üblichen Vorstellungsvermögen sehr schwer versteht. Von wissenschaftlicher Seite nimmt man durchaus respektvoll die Legende von dem «unversehrten Leichnam» entgegen, aber eben als Legende, man könnte auch sagen: rein literarisch. Steiners Mitteilung von dem fortwirkenden Ätherleib aber erregt Anstoß oder Unverständnis.

Meines Erachtens ist in der «Legende» nicht die Rede von einem Durchbrechen der Naturgesetze, einem «Wunder», das man glauben kann oder nicht, sondern die Erzähler wollten damit dasselbe sagen, was Rudolf Steiner in spirituell-realistischer Weise ausdrückte mit der Aussage über die Fortdauer des Ätherleibes des Christian Rosenkreutz – dass nämlich die Wirksamkeit dieser Persönlichkeit nicht mit ihrem Tode aufhörte, was aber ihre physisch gewesene Existenz in keiner Weise in Frage stellt.

Es gibt ja auch historische Persönlichkeiten, deren Leben dank einer Fülle von Belegen und dank ihrer hohen sozialen Stellung nicht angezweifelt werden kann, die sogar ihre eigenen Geschichtsschreiber hatten, und die dennoch in die Legendenbildung eingegangen sind. Ich denke hier an den Kaiser Friedrich Barbarossa, von dem berichtet wird, dass er, obwohl sein Tod in den Fluten des Kalykadnos in Asien klar bezeugt ist, nicht endgültig gestorben sei, sondern im Inneren des Kyffhäuserberges weiterlebe, wo er verschiedentlich geschaut worden sei – an einem steinernen Tisch sitzend, durch den sein langer Bart hindurchgewachsen ist. Einstmals – so die Sage – wird er hervorkommen und dann werden bessere Zeiten werden. Ist dies alles nur ein Produkt der Volksphantasie oder steht mehr dahinter?

Im Sinne des üblichen Wortgebrauchs «wirklich» können nur Dinge sein, die gegenwärtig sinnlich wahrgenommen werden können. Wird diese Seinsebene verlassen, gewiss also im Schlaf und Tod, aber auch bei allem, was in die Vergangenheit fällt und nur noch dem Gedächtnis oder der Vergegenwärtigung von Überlieferungen zugänglich ist, wird der Übergang in eine übersinnliche Bilderwelt vollzogen. Solche Bilder sind aber nicht statisch, sondern beweglich, flüssig, wandelbar. Man merkt das sofort, wenn man seine Kindheitserinnerungen aufruft. Was sind das für Kräfte, von denen Gewesenes ergriffen und umgestaltet wird? Können wir uns ein Verständnis dafür erarbeiten? Wenigstens ein Gefühlsverständnis?

Alles Gewesene geht ein in den Zeitenstrom der Geschichte. Erarbeiten wir uns ein Gefühl dafür, so fangen wir an zu verstehen, was Rudolf Steiner als «Evolutionsgedächtnis» bezeichnete. Es gibt Menschen, die sich dem Bewusstsein ihrer Mitmenschen besonders stark eingeprägt haben, sodass sich gewisse Bilder in der Erinnerungssubstanz fixieren. Dies geschieht häufig durch eine starke Gemütsbeziehung, daher betrifft die Legendenbildung des Mittelalters meist religiöse Menschen wie den Heiligen Franziskus oder die Heilige Elisabeth von Thüringen, von deren Leichnam auch wunderbare Dinge berichtet wurden.

Es ist weder befriedigend noch überzeugend zu denken, dass es einerseits eine «wahre» Geschichte gibt, gestützt auf wissenschaftlich beglaubigte Dokumente, und dazu einiges vom Volk Erdichtete und folglich Unwahre.

Das Legendäre, Sagenhafte hat häufig einen bedeutsamen Sinn, vielleicht sogar einen wichtigeren als die sogenannten historischen Fakten. Das Bild von Barbarossa im Kyffhäuser wurde von Rudolf Steiner als Fensterbild im Bau des Goetheanums verwendet, um dadurch auf die Tatsache der Reinkarnation hinzuweisen. Es ist ein Meditationsbild, und betrachtet man es als solches, befindet es sich auf einer Wirklichkeitsebene, die bedeutender sein kann als die äußere Gegenständlichkeit. «Bilder» können deshalb wirklicher sein als Tatsachen, weil sie wirksamer sind oder jedenfalls wirksamer sein können.

Was für eine Substanz ist es, aus der solche Bilder geschaffen werden, anknüpfend an Dinge, die wir real nennen, die aber über die naiv-realistische Ebene hinausgehen und dennoch keine beliebigen Phantasien sind, sondern eine höhere, übersinnliche Realität haben? Johann Wolfgang von Goethe lässt seinen Faust auf der Suche nach Helena, die in längst vergangener Zeit die schönste Frau Griechenlands gewesen ist, den «Gang zu den Müttern» antreten. Dieser Ausdruck stammt von Plutarch, ist also keine Erfindung Goethes. Welchen Weg muss Faust gehen, um dorthin zu gelangen? Interessanterweise ist es Mephisto, der ihm den Schlüssel dazu geben kann: «Entfliehe dem Entstandnen in der Gebilde losgebundne Reiche! Ergetze dich am längst nicht mehr Vorhandnen.»[55] So lautet die Anweisung. Was findet man dort? «Gestaltung, Umgestaltung, des ewigen Sinnes ewige Unterhaltung.»

Es wird hier dargestellt, dass es einen Bereich gibt, in dem das «längst nicht mehr Vorhandne» weiter existiert, als «Gebilde», ein Bereich, wo die «Mütter» sind, umschwebt von Bildern aller Kreatur, von Bildern, die auch umgestaltet werden können. Hier ist es hilfreich, die Darstellung Rudolf Steiners über das «Astrallicht» einzuführen, in die alles Vergangene substanziell eingeschrieben wird, das dort – bei entsprechender Fähigkeit – noch immer «gelesen» werden kann. An anderen Stellen sprach er von der «Akashachronik».[56] In diesem Menschheitsgedächtnis werden alle Dinge bewahrt, aber sie sind dort nicht unveränderlich eingemeißelt, sondern führen ein eigenes Leben, sind in tätiger Bewegung.

Wie das geschieht, können wir uns vorstellen, wenn wir uns vergegenwärtigen, wie das Bild von Verstorbenen in uns lebt, aber auch das Bild von Menschen, zum Beispiel Dichtern, mit deren Leben und Werk wir uns stark beschäftigt haben, ohne sie persönlich gekannt zu haben. Wir wissen alle, dass das Bild unserer Toten nicht jederzeit von selbst abrufbar ist, sondern dass wir es innerlich gestalten, ihm einen Raum schaffen müssen. Man muss ein solches, lebendiges Bild in sich «auferstehen» lassen.

Hinter der Tatsachengeschichte ist die kosmische Geschichte wirksam, die Tatsachengeschichte wird durch diese bewirkt. Was steht kosmisch-weltgeschichtlich hinter dem sogenannten Bewusstseinsumschwung vor dem Beginn der Neuzeit im 14./15. Jahrhundert, also dem Beginn des naturwissenschaftlichen Zeitalters? Wir können da von zwei gegenläufigen kosmischen Strömungen sprechen, die von Rudolf Steiner beschrieben werden: Die eine verläuft von der Vergangenheit in die Zukunft, die andere von der Zukunft in die Vergangenheit. Bei der Ersteren handelt es sich darum, dass der Erzengel Michael, der seit alters die kosmische Intelligenz verwaltete, die als Weisheitsoffenbarung dem Menschen zukam, diese nun loslässt, sodass sie frei auf die Erde strömen kann. Michael selbst als Wesen bleibt in der geistigen Welt zurück. Rudolf Steiner beschreibt diesen Vorgang bildhaft wie ein gewaltiges Weltengewitter, bei dem man von der geistigen Welt aus die Erde wie durchzuckt sehen konnte von Blitzen, durchgrollt von mächtig rollendem Donnern, von den Seraphim, Cherubim und Thronen bewirkt – aber für die Erdenmenschen wie im Schlafe ablaufend.[57] Die Intelligenz, bisher von geistigen Wesen inspiriert, strömte von nun an unmittelbar in die Köpfe der Menschen hinein. Sie verlor damit das Wesenhafte, das heißt, sie wurde «wesenlos».

Neben dieser Tatsache aber gab es noch längere Zeit Nachklänge des alten Zustandes, in dem die Menschen empfänglich waren für inspirierte Weisheit. Da aber die Zeit für diesen alten Bewusstseinszustand abgelaufen war, konnte der Geist der Verwirrung, Luzifer, seinen Einfluss geltend machen. Imaginationen vermischten sich mit realen Tatsachen, wie es oben bereits im Zusammenhang mit den mittelalterlichen Sagen ausgeführt wurde.

Von der anderen, der Zukunftsseite her drohte die «wesenlose» Intelligenz von einer anderen Widersachermacht, Ahriman, besetzt zu werden – ein Zustand, der noch heute, sogar in gesteigerter Form, von höchster Aktualität ist. Der Teufel, dem Martin Luther sein Tintenfass an den Kopf werfen wollte, war der Teufel der Zukunft, Ahriman, dessen Herannahen er als echter Mensch der Übergangszeit spürte und den er noch mit alten Hellseherkräften wahrnahm.[58]

Da es im Weltenplane lag, dass der Mensch das Denken in voller Freiheit ergreifen sollte, verzichtete Michael von nun an auf jedes Eingreifen in die irdischen Abläufe. Umso intensiver wirkte er in dem über dem Irdischen liegenden Geistbereich in der in der geistigen Welt in der Zeit vom 15. bis zum 18. Jahrhundert stattfindenden, übersinnlichen «Michaelschule», an der viele Geistwesen und entkörperte Seelen teilnahmen.

In Parallele dazu begründete Christian Rosenkreutz zur gleichen Zeit auf Erden seine Rosenkreuzerschule, wo ganz intim im Verborgenen wenige auserlesene Schüler, kaum mehr als zehn, ihre Belehrungen erhielten. Es wurde angeknüpft an die damals aufkommende Naturwissenschaft mit dem Ziel, eine irdische Wissenschaft zu entwickeln, die von den ins Untersinnliche hinabziehenden ahrimanischen Kräften frei bleiben sollte. Christian Rosenkreutz hatte sich die entsprechenden Voraussetzungen erworben, indem er im Orient das diesbezügliche Wissen seiner Zeit aufgenommen hatte. Die Einweihung, die er selbst in dieser Zeit erlebte, ist bildhaft in dem Büchlein *Chymische Hochzeit Christiani Rosencreutz Anno 1459* geschildert. Um den engeren Kreis der eingeweihten Brüder gab es noch einen weiteren, der in der Außenwelt wirksam war.

Nach außen, «im Volke», wirkten sie durch bildhafte Darstellungen: durch Märchen. So wurden in der vorkopernikanischen Zeit die Seelen durch die Märchenerzählungen der Rosenkreuzer langsam dazu vorbereitet, Entwicklung bildhaft zu erleben, ehe sie durch die Naturwissenschaft so weit geschult waren, dass sie «Entwicklung denken» konnten. Die geistigen Entwicklungsgesetzmäßigkeiten, in alten Zeiten nur in den Geheimschulen bekannt, wurden mit Beginn des naturwissenschaftlichen Zeitalters nach außen gestülpt, in die sinnliche Welt übertragen. Hierhin gehört auch Rudolf Steiners Äußerung, dass Naturwissenschaft eine umgestülpte Mythologie sei.[59] Es ist eine Eigenart der Märchen, dass sie Entwicklung spiegeln. Sie sind ganz und gar auf Entwicklung angelegt, stellen in Bildern – der alte Okkultismus arbeitete vorwiegend symbolisch – innere, okkulte Entwicklungsvorgänge dar.

Was so okkult vorbereitet wurde, trat erst später exoterisch als Entwicklungslehre von Darwin und Haeckel zutage, dort allerdings immer mehr «geistentblößt». Was in alter Zeit innerlich imaginativ erlebt worden war, wurde später äußerlich in der Natur wiedergefunden. So wird eine Brücke geschlagen von der alten Esoterik zur neuzeitlichen Naturwissenschaft, eine

Brücke, die von Seiten der Kirche auch heute noch nicht gefunden worden ist: Der Schöpfungsgedanke wird nach wie vor gegen den Entwicklungsgedanken ausgespielt.

Im Märchen ist Entwicklung weder gattungsmäßig noch individuell zu sehen. Nicht die Einzelpersonen im Märchen machen Entwicklungen durch. Sie sind «Figuren», die gut oder böse, mutig oder hinterhältig, fleißig oder faul sind. Aber das Märchen als Ganzes ist Entwicklung aus der Vergangenheit in die Zukunft hinein. Dieser Zusammenhang wird manchmal sogar so dargestellt, dass der Held der Geschichte ein Knäuelchen bekommt, das er auf den Boden wirft, wo es davonrollt und sich «entwickelt», sodass man ihm nur folgen muss, um den rechten Weg zu finden. Die Entwicklungswege im Märchen können die natürliche Entwicklung im Lebenslauf aufzeigen (damit befasst sich die psychologische Märchendeutung). Häufiger aber noch geht es um spirituelle Entwicklung, einen Schulungs- oder Erkenntnisweg. Das macht sie für die Anthroposophie so interessant.

Im 19. Jahrhundert tritt dann mit Darwin und Haeckel der Entwicklungsgedanke materialisiert auf. Vorher aber war Goethe, wie es seiner Wesensart entsprach, derjenige, der Übergänge schaffen konnte, der die Brücke von innen nach außen, von außen nach innen geschlagen hat. Ich denke hier an seine Metamorphosenlehre, an der man sich bis heute schulen kann, nicht *entweder* bildhaft zu erleben *oder* abstrakt zu denken, sondern beides zugleich in einem «anschauenden Denken», einer Fähigkeit, die auch zum Erfassen der Anthroposophie unumgänglich ist.

Die Goethezeit wiederum wurde vorbereitet durch die oben erwähnte «Rosenkreuzerschule», die jetzt etwas genauer betrachtet werden soll. Der christlich-rosenkreuzerische Schulungsweg hatte, nach Rudolf Steiner, folgende Stufen:[60]

1. Was man im rosenkreuzerischen Sinne «Studium» nennt.
2. Die imaginative Erkenntnis.
3. Das Erlernen der okkulten Schrift, Lesen der Zeichensprache, Inspiration.
4. Die Rhythmisierung des Lebens, Bereitung des «Steins der Weisen».
5. Aufsuchen der Entsprechungen von Mikrokosmos und Makrokosmos.
6. Einleben in den Makrokosmos (Kontemplation).
7. Gottseligkeit. Sich eins fühlen mit allen Wesen.

Es ging bei den Rosenkreuzern darum – und dies war in jener Zeit ganz neu –, sich weder mystisch in sein inneres Seelenleben zu versenken, noch sich ekstatisch in geistige Höhen zu schwingen, sondern das Irdische zu lieben und im eigenen Selbst zu verwandeln. Daher die Regel, sich nicht von den Mitmenschen zu isolieren, sondern mit ihnen Gemeinschaft zu pflegen, und daher die Bevorzugung des Heilberufes, weil es dort darum geht, die physische Organisation des Menschen und ihren Zusammenhang mit den elementarischen Kräften zu verstehen. Durch äußere Arbeit wollte man die «Maja» der Materie ergründen.

In diesem Zusammenhang können wir auch das Ringen der Reformatoren um ein wahres Verständnis der Transsubstantiation verstehen. Christus hat beim letzten Abendmahl gesprochen: «Dies ist mein Leib.» Jetzt kamen Zweifel auf, wie wörtlich diese Aussage zu nehmen sei. Meinte er nicht eher: «Dies bedeutet meinen Leib.»?

In der Alchymie postulierte man eine Ursubstanz, eine Art Stofflichkeit zwischen dem Physischen und dem Ätherischen, auf die sich auch die Schöpfungsmythen beziehen (das «Chaos»), aus dem letztendlich die vier Elemente durch Verdichtung hervorgegangen sind (die «Prima Materia»). Man stellte sich einen Stoff vor, ja man schaute ihn, der in allen anderen Stoffen als Essenz vorhanden ist. Dies war eine Art sinnlich-moralischer Wahrnehmung.

Die Rosenkreuzer entwickelten eine Methode, das, was sie bei Tage erforscht hatten, durch die reine Geistwelt der Nacht zu tragen und dadurch für Michael eine Brücke zur Erde zu bauen, ohne dass er mit dem Irdischen in Berührung kommen musste. Das ist eine Forschungsmethode, die auch heute noch anwendbar ist. Rudolf Steiner hat sie im Zusammenhang mit seiner Arbeit an seinem Buch *Die Geheimwissenschaft im Umriss* so beschrieben,[61] dass er die Seele mit den modernen naturwissenschaftlichen Methoden «imprägnierte», in diesem Fall mit der Haeckel'schen Entwicklungslehre, um sie «in die Region zu bringen, in der sonst die Imaginationen sitzen». Das heißt, man kann eine Vorstellungsart, die sich eigentlich nur auf äußerliche Naturgegenstände bezieht, innerlich verwandeln und sie dadurch in den Bereich des Imaginativen heben.

Als Beispiel bringt Steiner in einem Vortrag vom 2. September 1921[62] Haeckels Zeichnungen von der Embryonalentwicklung. Dieser ging dabei von dem Einzellenstadium, der Blastula, aus und zeigte, wie in einem weiteren Entwicklungsschritt die Einstülpung dieses kugelförmigen Gebildes stattfindet, die «Gastrulation», wodurch die inneren Organe veranlagt werden. Dieses Bild der Umstülpung gab es schon in der Esoterik alter Geheimgesellschaften: die Schlange, die sich in den Schwanz beißt bzw. eine totale Umstülpung vollzieht, indem sie sich von hinten her selbst verschlingt. Die Naturwissenschaft entwickelte also Bilder, die sich als bereits in alter Zeit fixierte okkulte Symbole erweisen: ein Kulturfaktum ersten Ranges. Auch Goethes Metamorphosenlehre kann unter diesem Gesichtspunkt betrachtet werden.

Es gibt verschiedene Märchen, die diese von den Rosenkreuzern gepflegte Methode, die Früchte der Nacht ins Bewusstsein zu heben, in Bildern beschreiben. Es handelt sich um das Motiv, dass die Früchte eines Baumes, Äpfel oder Birnen, die Nacht über gehütet werden müssen, weil sie immer, wenn sie reif sind, in einem dem Menschen normalerweise nicht zugänglichen Bereich verschwinden. Ich glaube, dass jeder Mensch diese Tatsache kennt: Er spürt am Morgen die Süßigkeit der Früchte der Nacht, weiß aber nicht, wo sie geblieben sind.

In solcher Art hat man es zur Zeit der Rosenkreuzer vermocht, Esoterisches in sehr einfachen, durchaus naturalistischen Bildern exoterisch mitzuteilen, unvermischt, als reine Imaginationen. Diesen Vorgang bewusst gedanklich zu erfassen, ist durch die Anthroposophie möglich geworden. Für uns besteht nun die Aufgabe, das durch Gedankenarbeit Erkannte zu einem lebendigen Bildverständnis zu bringen. Das ist ein meditativer Vorgang.

Kehren wir noch einmal zu der übersinnlichen Michaelschule zurück. Sie kulminierte – so schildert es Rudolf Steiner – in einem großen kosmischen Kultus. In irdischer Zeit gemessen war das zur Zeit um 1800, der Zeit der deutschen Klassik und Romantik, als sich das vorher verschlossene «Himmelsfenster», hinter dem die Michaelschule stattgefunden hatte, für eine kurze Zeit öffnete, sodass die michaelische Weisheit auf die Erde strömen und von Menschen, die dafür empfänglich waren, aufgenommen werden konnte. Im Kapitel über die Brüder Grimm war schon davon die Rede, dass Rudolf Steiner in diesem Zusammenhang das Goethe'sche *Märchen* nannte, in dem Miniaturbilder dieses kosmischen Kultus aufgefangen worden seien.

Das Goethemärchen ist eines der wenigen Kunstmärchen, die spirituell an die Volksmärchen heranreichen. Darüber ist schon vieles erarbeitet worden.[63] Das zentrale Bild in diesem Märchen ist der Strom, der zwei gegensätzliche Welten trennt, die getrennt bleiben müssen, solange es keine Brücke gibt. In den zwei Welten kann man unschwer die geistige und die sinnliche Welt erkennen, und die Brücke wird gebaut durch die Tätigkeit und das

Opfer eines Wesens aus der sinnlichen Welt: die «grüne Schlange». Kurze Zeit leuchteten solche Bilder in die irdische Welt hinein, aber spätestens zur Zeit von Goethes Tod wurde das «Himmelsfenster» wieder verschlossen und auf Erden entwickelten sich materialistische Wissenschaft und moderne Technik. Man macht sich selten ganz klar, wie geballt die technischen Erfindungen im 19. und beginnenden 20. Jahrhundert auftraten: das Dampfschiff, die Eisenbahn, die Anfänge der Luftfahrt (Zeppelin), die Elektrizität, die Telegrafie, der Dieselmotor, das Dynamit (Alfred Nobel), der Film usw. All dies entwickelte sich aus der gleichen materialistischen Denkungsart und man kann dieses Denken als Wirkung der im Untersinnlichen als Gegenbewegung zu der übersinnlichen Michaelschule entstandenen ahrimanischen Gegenschule ansehen.

Und was geschah nun in der übersinnlichen Welt Michaels? «Michael musste jenseits vom Menschen, in seinem eigenen Gebiet, den Kampf gegen Luzifer und Ahriman führen. Das ergab die große tragische Schwierigkeit, weil Luzifer um so leichter an den Menschen herankommt, je mehr Michael, der ja auch das Vergangene bewahrt, sich von dem Menschen abhalten muss. Und so spielte sich ein heftiger Kampf Michaels mit Ahriman und Luzifer in der an die Erde unmittelbar angrenzenden geistigen Welt für den Menschen ab, während dieser im Erdbereich selbst gegen das Heilsame seiner Entwicklung seine Seele in Tätigkeit hielt.»[64]

Dieser Kampf dauerte mindestens bis zum Jahr 1879, dem Beginn des «Michaelzeitalters». Von dieser Zeit an ist es Michael wieder möglich, mit der von ihm verwalteten Spiritualität auf der Erde wirksam zu werden und sie mit der Weisheit der Rosenkreuzerschule zu vereinigen. Das war die Vorbedingung dafür, dass Rudolf Steiner seine anthroposophische Geisteswissenschaft auf der Erde begründen konnte.

Durch den Schulungsweg der Anthroposophie ist es möglich geworden, das intellektuelle Denken, das jeder Mensch heutzutage selbstverständlich zunächst erwerben muss, so zu verlebendigen, dass an die Stelle der Gegenstandserkenntnis die imaginative Erkenntnis tritt. Das heißt, es geht in der Anthroposophie weniger darum, neue Gedankeninhalte aufzunehmen, als sich einen neuen, imaginativen Bewusstseinszustand zu erarbeiten. Das ist moderne Einweihung im Sinne der Anthroposophie. Und dabei wiederum können die alten Märchen eine wunderbare Hilfe sein. Darin besteht ihre Bedeutung für den Erwachsenen der Gegenwart im Zeitalter der Bewusstseinsseele.

Zur Rosenkreuzer-Einweihung – die Chymische Hochzeit

Die Wege im Märchen sind innere Wege, man kann sie mit Recht Einweihungswege nennen. Solche hat es bis ins Mittelalter hinein gegeben und es gibt sie immer noch, wie wir durch die Anthroposophie erfahren können, nur dass Charakter und Form sich geändert haben.

Es wurden bereits die Tempelmysterien erwähnt, wo in den alten vorchristlichen Kulturen bis etwa zum 4./5. Jahrhundert n. Chr. besonders ausgewählte Menschen eingeweiht wurden. In christlicher Zeit hat sich dieser Vorgang immer mehr nach innen verlagert. Es gab keine Tempelbauten mehr, aber doch immer noch Geisteslehrer und Geistesschüler. Und mehr und mehr wurden Lehrer zu beratenden Freunden, wie sie auch in vielen Märchen erscheinen. Es gibt dort die verschiedensten Prüfungen, aber auch Berater und Helfer. Ein solcher Berater kann ein alter, treuer Diener sein wie *Der treue Johannes*[65], aber auch ein Verstorbener *(Der dankbare Tote)* oder ein Tier, z.B. ein Pferd oder Fuchs, das dann auf dem gemeinsamen Weg selbst seine Erlösung in der menschlichen Gestalt findet.

Ich möchte hier einen Bericht einschieben, den Rudolf Steiner von einer Einweihung gegeben hat, so wie sie etwa im 12. Jahrhundert hätte stattfinden können.[66]

Es ist dort die Rede von einem Geisteslehrer und seinem Schüler. Nachdem der Schüler dem Lehrer geklagt hatte, dass er immer weniger die Sprache der Natur verstünde, aber auch die religiöse Offenbarung nicht mehr zu ihm spräche, führte der Lehrer ihn zunächst auf einen hohen Berg. Alles Alltägliche blieb unter ihnen, er sah schließlich nichts mehr außer einem unbestimmten Wolkenmeer. Durch dieses Emporgehobensein erlebte er eine Art Erweckung. Sein vergangenes Leben erblickte er nur noch von ferne, und schließlich trat ein Wesen auf ihn zu in der Gestalt eines Knaben. Das war der Geist seiner Jugend, er konnte sich selbst darin erkennen. Und der Lehrer machte ihm nun klar: Nur in solcher Stimmung ist es möglich, die Vergangenheit zu begreifen und damit die Offenbarungen der Religion zu verstehen. «Nur dann, wenn man in die Lage kommt, fern von dem Irdischen wie in Ätherhöhen versetzt zu sein, um die Ätherhöhen ideell zu ergreifen mit der in die spätere Lebenszeit heraufragenden Kindheitskraft, nur dann versteht man recht die Offenbarung.»

Zu einer anderen Zeit wurde der Schüler in eine Höhle unter der Erde geführt. Auch dort war er dem Alltagsleben ganz entrückt, aber in anderer Weise. Er wurde verwandt mit den Erdentiefen, fühlte das Wesenhafte der Substanzen, der Stofflichkeit, sowohl im Inneren der Erde als auch in seinem eigenen Organismus. (Das ist auch der Hintergrund zu der Weisheit der Alchymie.) Der Schüler kam hier in der Tiefe zu der Bildbegegnung mit einem alten Mann; mit dem, der er in Zukunft einmal sein würde. Und das sei die rechte Stimmung, so sagte der Lehrer, um die Offenbarungen der Natur zu verstehen. – In den Märchen spielt oft ein grauer Mann, ein «eisgraues Männchen» eine wichtige ratgebende Rolle. Wir können in ihm die Kraft des Alters sehen.

In diese Art der Einweihung sind die Naturstimmungen bedeutsam einbezogen: es ist eine Art Natureinweihung. Es geht dabei um ein innerseelisches Erleben an der Außenwelt, systematisch geführt, was in noch älterer Zeit naturhaft geschenkt worden war. Berg und Höhle, alter Mann und Knabe, alles erscheint in urbildlichem Charakter. Der «Schüler», der dies damals erlebte, hatte noch die Möglichkeit hellseherischen Erlebens, musste es aber erst durch Schulung mit Hilfe von Naturstimmungen aus seinem Alltagsbewusstsein entbinden.

Als ein Dokument zur eigentlichen Rosenkreuzer-Einweihung ist die schon erwähnte Schrift *Chymische Hochzeit Christiani Rosencreutz Anno 1459* anzusehen. Der Zeitpunkt liegt also im 15. Jahrhundert, der «Rosenkreuzerzeit im engeren Sinne». Es ist eine Erzählung, die durch ihre Irrealität gewisse märchenhafte Züge trägt, stilistisch ist sie aber ein ausgesprochenes Produkt der Barockzeit – in zeitlicher Parallele beispielsweise zum *Pentameron* des Giambattista Basile. Der Autor ist Johann Valentin Andreae, ein damals noch sehr junger, sensibler Theologiestudent, der durch den Menschenkreis in Tübingen, in dem er lebte, sehr wohl eine Ahnung von rosenkreuzerischer Geistigkeit hatte, vor allem aber – so Rudolf Steiner – unter einer Inspiration stand. Er selbst schrieb dazu: «Mich hat immer und immer ein unbegreiflicher Geist getrieben ...» Im Stil der Ausführung ist er aber, wie gesagt, ganz ein Kind seiner Zeit.

Ehe ich ausführlicher auf diesen Text eingehe, möchte ich noch etwas vorausschicken. Als eigentlichen Quell des Rosenkreuzertums bezeichnet

Rudolf Steiner nämlich ein Ereignis noch früheren Datums, nämlich die Einweihung eines Jünglings im 13. Jahrhundert. Es handelt sich dabei um eine frühere Inkarnation des Christian Rosenkreutz. Es wird gut sein, diese Erzählung vorauszuschicken und als Bild im Hintergrund zu behalten.[67]

Im 13. Jahrhundert lebte ein Kind, das unter der Obhut von zwölf weisen Männern abgeschieden von aller Welt in tiefer Frömmigkeit erzogen wurde. Es war immer zart und kränklich. Als Jüngling verweigerte es schließlich jede Nahrungsaufnahme und lag Tage hindurch wie tot. Dabei wurde sein Leib ganz durchsichtig. Die Zwölf, die ihn umgaben, ließen in jener Zeit all ihre Weisheit in seine Seele einströmen, die später verwandelt und in neuer Form den Lehrern zurückgegeben wurde. Der Jüngling starb jung und wurde im 14. Jahrhundert als Christian Rosenkreutz wiedergeboren.

Kehren wir nun zur *Chymischen Hochzeit* zurück. Um eine Vorstellung davon zu erhalten, um was es sich dabei handelt, sollen aus der Fülle der Ereignisse und Bilder die wichtigsten nacherzählt werden.

Ein Einsiedler, der «Bruder von dem roten Rosencreutze», bekommt durch einen Engel im blauen Sternengewand die Einladung zur «königlichen Hochzeit». Er fühlt sich unwürdig, auch später wird das noch in mehreren Situationen hervorgehoben, obwohl es sich, wie schon der Name sagt, zweifellos um eine besondere Persönlichkeit handelt. In Steiners Schulungsbuch *Wie erlangt man Erkenntnisse der höheren Welten?* ist der erste Schritt die bewusste Hervorbringung der Stimmung der Devotion, der Bescheidenheit und Verehrungskraft. Diese finden wir in hohem Maße bei dem Bruder Rosenkreutz. Es bedarf aber noch eines besonderen Traumes, um ihn wirklich auf den Weg zu bringen. Es handelt sich einerseits also um eine Berufung, aber andererseits auch um einen aktiven Entschluss – ganz im Gegensatz zu dem vorigen Bericht, wo die zu erwerbende Weisheit durch helfende und lenkende Persönlichkeiten in ein herabgedämpftes Bewusstsein hereingestrahlt wurde.

Nun wird eine Erlebnisfolge in sieben «Tagewerken» beschrieben, die mit einer Wanderung durch die Natur beginnt. Es geht also um einen Weg in die Außenwelt, nicht nach innen, dann wäre es eine «mystische Hochzeit». Gerade noch rechtzeitig am Abend des zweiten Tages erreicht der Bruder das königliche Schloss, ehe das Tor geschlossen wird, das noch einen Zipfel seines Gewandes mitnimmt: Ein Motiv, das wir aus dem Märchen *Das Wasser des Lebens* kennen, wo dem Wanderer durch das zuschlagende Tor noch ein Stück von der Ferse abgeschlagen wird. Im Schlossinneren sind schon viele Gäste versammelt, von denen sich aber die meisten später als unwürdig erweisen werden. Zur Prüfung dieser Würde wird nämlich am dritten Tag eine Waage aufgehängt. Dort werden alle gewogen und viele werden zu leicht befunden, bestraft und davongejagt.

Erst am vierten Tag werden die Verbliebenen vom Königspaar empfangen. Es gibt ein Festessen, Tanz, Komödie. Aber am Abend wird plötzlich alles schwarz verhängt und die Gäste müssen mit ansehen, wie die gesamte Königsfamilie enthauptet wird.

In der Nacht darauf wird der Bruder Rosenkreutz als einziger Gast Zeuge davon, wie die Särge mit den Enthaupteten auf Schiffen über den See gefahren werden. Er ahnt, dass dieses Todeserlebnis noch nicht das Ende, sondern ein Anfang ist. Bei der Enthauptungsszene darf man nicht vergessen, dass es sich um Imaginationen handelt, ebenso wie bei den Märchen, deren sogenannte «Grausamkeit» ja auch oft getadelt wird. Es sind innere Vorgänge, die wie äußere Handlungen geschildert werden: Der Rosenkreuzerschüler erlebte, wie sich in seinem Kopf, der früher von lebendigem Leben durchdrungen war, jetzt die Todeskräfte bemerkbar machen. Indem er in die persönliche Begriffs- und Vorstellungswelt eindringt, verliert er die innere Lebendigkeit. Rudolf Steiner beschreibt, wie der wahre Rosenkreuzerschüler zu einem bestimmten Zeitpunkt «etwas Ähnliches fühlte, wie wenn ihm der Meister einen Schlag ins Genick gegeben hätte, um ihm anzudeuten, dass das Abstrakte des modernen Hauptes nicht geeignet ist, in die geistigen Welten einzutreten».[68]

Am nächsten Morgen erwacht der Bruder Rosenkreutz recht früh und bittet den Knaben, der ihm zur Bedienung beigegeben ist, ihn etwas im Schloss herumzuführen, was dieser auch bereitwillig tut.

Er führt ihn einige Stiegen hinab zu einer eisernen Tür, auf der mit kupfernen Buchstaben zu lesen ist, dass hier die schöne Frau Venus begraben liegt. Zunächst kommen sie in ein Gewölbe, in dem sich eine dreieckige Grabplatte befindet, die von Adler, Löwe und Stier getragen wird. Darauf steht ein Kupferkessel und in diesem ein Engel, der einen Baum hält, von dem es ständig in den Kessel tropft. Auch die Früchte des Baumes fallen nach und nach ab und werden in dem Kessel zu Wasser.

Durch eine kupferne Falltür steigen sie noch tiefer in die eigentliche Grabkammer. Dort sieht er auf einem köstlichen Himmelbett die Frau Venus liegen, ganz bloß und von überwältigender Schönheit. Rasch bedeckt der Knabe sie und zieht den Vorhang zu. «Mir aber blieb sie vor Augen», berichtet der Bruder. Das heißt, fortan trägt er als inneres Bild den Inbegriff der Liebe in sich. Hinter dem Bett befindet sich eine Tafel, auf der steht:

«Wenn die Frucht meines Baums wird vollends verschmelzen, werde ich aufwachen und die Mutter eines Königs sein.»

Welchem Geheimnis ist der Bruder hier auf der Spur? Tief unter der Erde ruht die Göttin der Liebe wie ein Samenkorn. Sie ruht in einer für den Menschen verborgenen, das heißt unbewussten Sphäre, wie in einem Grab, aber nicht tot, sondern schlafend, bedeckt von Gebilden, die die kosmischen Kräfte des Tierkreises repräsentieren. Diese sind ebenfalls der Erde einverleibt. Darüber ein Bild der Lebenskräfte, ein Baum, der fruchtet und von Saft überquillt, und der schließlich ganz zerschmelzen und sich auflösen wird. Wenn dies geschieht, wird die Liebe auferstehen und einen Sohn gebären, der König sein und die Welt regieren wird.

Wer ist nun dieser Sohn, den Frau Venus gebären wird? Aus der Mythologie wissen wir, dass Venus-Aphrodite die Mutter des Eros ist, aber um diesen kann es sich hier nicht handeln, denn er ist bereits gegenwärtig. Es wird berichtet, dass er den Schlaf seiner Mutter behütet. Vor ihm muss geheimgehalten werden, dass Bruder Rosenkreutz die schlafende Venus gesehen hat.

Eine orphische Schöpfungsgeschichte berichtet: Im Urbeginne war die Nacht, ein dunkler Vogel mit schwarzen Schwingen. Sie legte ein silbernes Ei in den Riesenschoß der Finsternis. Aus diesem Ei trat der Sohn des wehenden Windes, ein Gott mit goldenen Flügeln: Eros, der Liebesgott. Dieser zeigte und brachte alles ans Licht, was bisher in dem silbernen Ei verborgen gewesen war, und das war die ganze Welt: Oben der Himmel, unten «das Andere», aus dem die ganze irdische Natur entstanden ist. Eros ist also der Gott des Urbeginns. Er ist der Vergangenheitsaspekt der Natur, das Göttliche, dessen Spiegelbild uns in allen Naturerscheinungen so beglückt.

Mir scheint es naheliegen, dass es sich bei dem König, den die Frau Venus in Zukunft gebären wird, um einen anderen handelt, den, über den Novalis dichtete:

«Er ist der Stern, er ist die Sonn,
Er ist des ewgen Lebens Bronn,
Aus Kraut und Stein und Gras und Licht
Schimmert sein kindlich Angesicht.»[69]

Dem göttlich lebensvoll Kindlichen, dem Christus im ätherischen Walten der Natur zu begegnen, ist die Zukunft, deren Anfänge sich in unserer Zeit ankündigen. Er ist der König, der aus der Liebe geboren werden wird, wenn der Baum der Lebenskräfte ganz zerschmolzen sein wird. Wir dürfen annehmen, dass dem Bruder Rosenkreutz eine Ahnung davon aufgedämmert ist.

Das nächste Bild, das in unserer Erzählung auftaucht, ist eine Fahrt über das Meer. Auf demselben Wege, den nachts die Särge genommen haben, fährt nun die ganze Hochzeitsgesellschaft zum «Turm Olympos». Auf der Fahrt werden sie von Sirenen und Nymphen umgaukelt, die einen lieblichen Gesang zum Preis der Liebe ertönen lassen.

Das Bild des Turmes weist durch seine Höhe und Abgeschlossenheit auf den physischen Leib des Menschen hin. Im Märchen wird die Jungfrau Menschenseele des Öfteren eingesperrt in einen Turm (z.B. *Jungfrau Maleen*, KHM 198). In unserer Erzählung findet im «Turm Olympos» die eigentliche «chymische Hochzeit» statt, nämlich die Umwandlung der toten Substanz der Leichname in Lebendiges. Ausführlich werden die alchymistischen Transmutationsprozesse in sieben Stufen auf den sieben Stockwerken des Turmes beschrieben. Die Leichname werden verflüssigt, die Flüssigkeit läuft in eine goldene Kugel, in der durch Erhitzung ein schneeweißes Ei entsteht. Aus dem Ei schlüpft der Vogel Phönix, Symbol der Auferstehung, der verschiedene Verwandlungen durchmacht, bis er enthauptet und verbrannt wird. Aus der Asche wird schließlich eine Art Teig hergestellt und daraus das neue Brautpaar geformt, zunächst als kleine, noch leblose Bildnisse. «Was mich am meisten wunderte, sie waren nicht hart, sondern weich und fleischern wie ein Mensch. Ich glaube fest, das Bild der Frau Venus werde auch auf solche Art gemacht worden sein» (*Chymische Hochzeit*, 6. Tag). Hier wird Bezug genommen auf die Substanz, welche die Alchymisten zwischen dem Physischen und dem Ätherischen wahrnehmen konnten. Diesen Figürchen wird das Blut des Vogels in den Mund getropft, wodurch sie ziemlich rasch wachsen und lebendig werden – lebendig, aber noch nicht beseelt: Ein Paar von außerordentlicher Schönheit. Die Seele fährt erst später wie ein feuriger Strahl in ihre Körper. Das Brautpaar hatte seine ganze Neuerschaffung seit der Enthauptung wie im Schlafe erlebt. Hier findet die Metamorphose des Vergangenen ins Zukünftige statt. Das ist die eigentliche «chymische Hochzeit» und die Beziehung des Rosenkreuzertums zur Alchymie.

Die einzigen, die bewusst alle diese Verwandlungsprozesse bis zum Ende mitverfolgt haben, waren der Bruder Rosenkreutz und drei seiner Gefährten. Es folgen nun die Rückfahrt über das Meer, der ehrenvolle Empfang durch das bereits vorgefahrene Brautpaar und der Ritt mit diesem gemeinsam zum Schloss. Hier werden sie zu «Rittern vom goldenen Stein» ernannt.

Der fromme Bruder erlebt aber auch noch den Schreck, dass er «zur

Strafe», weil er zur Frau Venus hinabgestiegen war, nicht nach Hause entlassen werden, sondern als Türwächter im Schloss bleiben soll. Nehmen wir das auch als Bild, so wird deutlich, dass er, der so tief in die Geheimnisse der Liebe eingestiegen ist, «wachsam», das heißt «ein Wächter» sein muss. Cupido hatte ihm ein Zeichen auf die Hand gemacht, das Erlebnis hat ihn also «gezeichnet». Letztlich kommt der fromme Bruder aber doch nach Hause zurück.

Irritierend bei dieser letzten Episode ist der barocke Erzählstil des Verfassers, der es nicht unterlassen kann, an zahlreichen Stellen erotische Scherze einzuflechten, was bei einer rein imaginativen Erzählung wie einem Märchen ganz ausgeschlossen wäre.

Die beiden hier beschriebenen Rosenkreuzer-Einweihungen, die des Jünglings und die des alten «Bruders von dem roten Rosencreutze», sind – bei aller Verschiedenheit – in ihrer Gegensätzlichkeit vergleichbar mit der vorangeschickten Erzählung Steiners von der Einweihung auf dem Berge, mit Blick in die Weiten der Welt und der Begegnung mit dem Geist der Jugend, und in der Höhle, wo es um die Enthüllung der Naturprozesse im eigenen Leib ging. Es scheint mir wichtig, solche verschiedenartigen Bilder vor Augen zu haben, wenn man der Frage nachgehen möchte, wie das Motiv «Einweihung» in den Volksmärchen auftaucht.

In diesem Zusammenhang noch eine Anmerkung: Der typische Märchenschluss, der schon fast erwartet wird: «Dann feierten sie das Hochzeitsfest, und sie lebten glücklich bis an ihr Ende», wird ebenso leicht missverstanden wie: «Und wenn sie nicht gestorben sind, dann leben sie noch heute.» Der letzte Satz verweist auf die Zeitlosigkeit der Märchen, denn obwohl der typische Anfang lautet: «Es war einmal», muss man annehmen, dass gerade das, was in der darauf folgenden Geschichte erzählt wird, nicht irgendwann einmal, sondern in der Sphäre der Dauer stattfindet. Daher schlägt Steiner als Märchenanfang vor: «Es war einmal … ja, wo war es denn nur? Wo war es denn nicht?»

Und so ist mit der abschließenden Hochzeit etwas gemeint, das wenig mit Erotik und noch weniger mit Sexualität zu tun hat, sondern mit der Auflösung jeder Problematik, der Vereinigung des Getrennten. Vielleicht ist damit sogar auf etwas hingewiesen, was auch als die letzte, siebte Stufe der Rosenkreuzer-Einweihung bezeichnet wird: die «Gottseligkeit».

Alchymie

Die Tinctura

Alchymie ist die Vorstufe dessen, was wir heute Chemie nennen, die Lehre von den Stoffen und Stoffverwandlungen. Um jedoch zu verstehen, was in früherer Zeit als Alchymie bezeichnet wurde, müssen wir versuchen, unseren Substanzbegriff zu erweitern. Man sprach damals von einer Grund-Substanz, die mit keiner anderen vergleichbar sei, einer Essenz aller Stoffe, welche alle anderen physischen Stoffe enthält. Wir müssen wohl versuchen, uns eine Substanz zwischen dem Ätherischen und dem Physischen vorzustellen, eine Substanz als geistiges Prinzip, ähnlich der in der *Chymischen Hochzeit* beschriebenen Körpersubstanz des neu erschaffenen Brautpaares. Hierfür verwendete Jacob Böhme den Begriff «Tinctura».

Diese «Tinctura» war für Jacob Böhme offensichtlich nicht nur etwas Substanzielles, sondern hatte auch einen geistigen Aspekt.

Es war ein Bewusstseinszustand, wie es im ersten Teil des Buches bereits erwähnt wurde.[70] Rudolf Steiner führte das folgendermaßen aus:

«Im menschlichen Geiste findet Jacob Böhme das, was der Tinctura verwandt ist, die Imagination. Imagination ist eine Kraft der Seele, die mitten drinnen steht zwischen der Kraft des Gedankens und der Kraft des Willens. Wer seine Begriffe zuerst bildlich zu machen versteht und sie dann sich veranschaulicht im Geiste, sodass nicht vor ihm steht ein abstraktes Bild der Pflanze, sondern eine Pflanze wie mit sinnlicher Schaubarkeit, dem wird ein solcher anschaubarer Begriff wie durchtränkt mit wirklichem Leben von innen heraus.

Wer das kann, der hat Imagination. Die kann so gesteigert werden, dass der Mensch schöpferisch wirkt und Einfluss gewinnt auf das, was in den Dingen als Tinctura lebt. Hier beginnt für Jacob Böhme die Alchymie, die auf die Materie, die Tinctura, zurückzuwirken vermag und von da auch auf die sinnlichen Dinge.»[71]

Die Vermählung der Stoffe

Wie überhaupt in der damaligen Zeit, so war insbesondere bei den Alchymisten eine bildhafte Ausdrucksweise gebräuchlich. «Die Imagination nennt Jacob Böhme die große Jungfrau der Natur, die Jungfrau Weisheit.»[72] In einer chemischen Verbindung sah er die «Vermählung» von Stoffen. Goethe hatte sich ebenso mit diesen Fragen beschäftigt und so erscheinen sie auch in seinem *Faust:*

> «Da ward ein roter Leu, ein kühner Freier
> Im lauen Bad der Lilie vermählt,
> Und beide dann, mit offnem Flammenfeuer
> Von einem Brautgemach ins andere gequält.»

Was nach einem derartigen chemischen Prozess im Reagenzglas erschien, nannte man «die junge Königin» oder auch den «König».

Es sind dies alles Bilder, die uns aus der *Chymischen Hochzeit* vertraut sind. Und wie bereits ausgeführt, ist das Bild der «königlichen Hochzeit», in dem viele Märchen gipfeln, nicht einfach als «happy end» zu verstehen, sondern imaginativ. Goethe nannte in seiner Farbenlehre den poetischen Teil der Alchymie «ein auf einem gehörigen Naturgrund aufgebautes Märchen». In fast allen Märchen ist das Ziel der Erwerb einer wunderschönen Königstochter, der «Jungfrau oder Weisheit Sophia» . Wenn man dieses Bild versteht, so können wir auch in heutiger Zeit sagen: Ziel der Geistesschulung ist der Erwerb des zur Weisheit sublimierten anschauenden Denkens.

Der Laboratoriumstisch wird zum Altar

Wie im Märchen die Handlung wichtiger ist als das Einzelbild, so sind in der Alchymie die Prozesse wichtiger als die Resultate. Man unterschied eine ganze Reihe verschiedener Prozesse, im Wesentlichen aber drei: die Kristallisation oder Verdichtung, die Lösung oder Verwandlung und die Verbrennung oder Veraschung, auch Sal-, Merkur- und Sulfurprozess genannt. Damit hängt auch die alchymistische Lehre von den vier Elementen und den damit verbundenen Wesen zusammen, worüber noch zu sprechen sein wird.

Was den Rosenkreuzern bei einem chemischen Prozess wichtig war, war weniger das stoffliche Ergebnis, wie es heutzutage üblich ist, als die Gesinnung, die Empfindungen, mit denen ein Versuch durchgeführt wurde. Man wollte im Buch der Natur lesen, die spirituellen Geheimnisse der Natur, der Materie erforschen. Um diese Erkenntnisse und was man dabei erlebte ging es.

Wenn ein gelöstes Salz aus einer Flüssigkeit ausfällt, kommt es zur Kristallisation. Besonders dieser Vorgang wurde mit einem Gefühl der Ehrfurcht, der Verehrung begleitet. Man bemühte sich, die Denk-, die Konzentrationsfähigkeit zu intensivieren und sich in reiner Frömmigkeit den Göttergedanken hinzugeben. Dabei konnte ein sensibler Mensch eine kupferfarbene Ausstrahlung wahrnehmen. Der umgekehrte Vorgang ist die Auflösung, die Verflüssigung; ein Prozess, der in Gebetsstimmung, in reiner Gottesliebe vollzogen wurde, was eine silberglänzende Ausstrahlung erzeugte. In Zusammenhang mit dem Silber sah man immer die Mondkräfte und damit einen Hinweis auf die Liebes-, auch auf die Fortpflanzungskräfte. Beim dritten, dem Sulphur- oder Verbrennungsprozess erlebte man die Hingabe an die Gottheit, die Götteropferkraft. Im Sinnlichen leuchtete das Geistige auf, von Herzenswärme durchdrungen. Man sprach bei einem Menschen, der dies vollzog, von einer «goldenen Aura». Diese moralische Anschauungsweise der drei genannten Grundprozesse kann man das subjektive Kupfer, Silber, Gold nennen.

Salzbildung – kupfern – reine Gottesgedanken
Auflösung – silbern – reine Götterliebe
Verbrennung – goldglänzend – Götteropferliebe oder Götteropferdienst

Heutzutage entfällt zwar der religiöse Aspekt in der Wissenschaft. Wohl aber kommt man immer häufiger zu der Einsicht, dass es bei einem Versuch durchaus nicht gleichgültig ist, wer ihn macht, das heißt, dass die «Objektivität» an dieser Stelle an eine Grenze kommt.

Von Jacob Böhme stammt der Satz: «Je mehr man das Gold läutert, je schöner wird es. Also auch die Seele, je mehr sie in die Proba geführet wird, so sie bestehet, je schöner und klärer wird sie.»[73] Um einen solchen seelischen Transformationsprozess ging es ursprünglich, wenn von «Goldmachen» die Rede war, was Anlass zu vielfältigsten Missverständnissen und daraus resultierender Scharlatanerie gegeben hat. Gleichzeitig muss man aber auch bedenken, dass es sich damals um eine Zeit handelte, in der man die Möglichkeit physisch-chemischer Stoffverwandlungen ganz neu entdeckt hatte. Man konnte nun beispielsweise aus Bleiglanz Silber erzeugen, da es eine Verbindung ist, die Silber enthält. Bei Gold ist Ähnliches nicht möglich, es ist in dem Zusammenhang aber naheliegend, dass die Frage nach dem Goldmachen auch ganz materiell auftauchte. Der arabische Historiker Ibn Chaldun (gest. 1405) bezeichnete die Chemie als die Wissenschaft, durch die Gold und Silber zu vollkommenem Sein gebracht werden können.

Die drei Metallstufen

Die Metalle spielten jedenfalls eine bedeutsame Rolle in der Alchymie, und zwar gerade auch in der Stufenfolge Kupfer – Silber – Gold. Ihre Qualitäten erspürte man gefühlsmäßig-imaginativ als dumpfes Lebensgefühl.[74] Die Tatsache, dass die Metallstufen auch in vielen Märchen vorkommen, ist ein weiterer Hinweis auf den rosenkreuzerischen Ursprung der Märchen.

Besonders viele Beispiele dazu gibt es in den russischen Märchen. Dort tauchen des Öfteren das kupferne, das silberne und das goldene «Königreich» auf. Sie werden bewohnt von einer schönen, einer noch schöneren und einer über die Maßen schönen Königstochter. In dem Märchen *Die drei Weltreiche* kommt sogar noch ein Perlenreich dazu. Diese «Reiche» werden meist nicht in spezieller Weise charakterisiert, es geht eher um die Reihenfolge in der Wertsteigerung. Im Allgemeinen aber kann man es so sehen, dass darauf hingedeutet wird, wie der dreigliedrige Mensch mit seinen verschiedenen Wesens- bzw. Seelengliedern (Leib, Seele und Geist; Wollen, Fühlen und Denken) in ganz verschiedenen Welten lebt. Sein Bewusstseinszustand in der Gedankenwelt ist ein anderer als der in der Gefühls- oder Willenswelt.

Die Metallqualitäten können auch – auch das tritt besonders im russischen Märchen auf – auf verschiedene menschliche Gliedmaßen verteilt sein: die Beine bis zu den Knien in Gold, die Arme bis zu den Ellenbogen in Silber (oder auch umgekehrt), dazu eine Sonne auf der Stirne und am Hinterhaupt ein Mond. Hier kommt der planetarische Bezug dazu, der bei den Metallen immer mitgemeint ist. Oder es geht um Kleidungsstücke (um die Leibeshüllen), z. B. einen kupfernen, einen silbernen und einen goldenen Mantel im Märchen *Die Tochter der Blumenkönigin* (Siebenbürgen).

Es kommt auch vor, dass der Held – oder in diesem Fall ist es meist eine Heldin – sich beim Gang durch den Kosmos himmlische Gewänder erwirbt, verborgen in einer Nussschale: golden wie die Sonne, silbern wie der Mond und glänzend wie der Himmel mit seinen Sternen (beispielsweise in *Das Borstenkind*[75]). Auch hier wieder der Bezug zu den Planeten. Auch wenn bei

Aschenputtel die Gewänder nicht unmittelbar von einem planetarischen Wesen gespendet werden, sondern von einem Bäumlein fallen, so sind sie doch ein Geschenk der toten Mutter aus der jenseitigen Welt. Bei all diesen Märchen können wir auch an das Rosenkreuzermotiv der Beziehung von Mikrokosmos und Makrokosmos denken.

Die Metallqualitäten erlebte man von unten wirkend, während die dazugehörige Kraft von Sonne, Mond und Sternen (Abendstern) von oben einstrahlte.

Der Glasberg

Meist müssen die Metallstufen durchschritten werden, um den geheimnisvollen Glasberg zu ersteigen, ein Motiv, das im Märchen ziemlich häufig vorkommt. Es ist ein Berg, der sich durch seinen Glanz und seine Glätte auszeichnet. Etymologisch ist das Wort Glas verwandt mit glast, glanz, glatt, gleißen, glitzern, glimmen. Der Glasberg ist also der leuchtende Berg. Meist sitzt oben eine schöne Königstochter, die Jungfrau Weisheit, die demjenigen Freier zugesagt ist, der den Glasberg erklimmen kann, was natürlich eigentlich unmöglich ist. Der dänischen Mythologie zufolge lag auch die von Siegfried befreite Brynhild auf einem Glasberg. Wenn wir das bedenken, können wir verstehen, dass es sich wohl bei dem Glasberg um eine übersinnliche Welt handelt, den Berg der Verklärung. Das Totenreich hieß in der germanischen Mythologie Glaesisvellir. Das Besteigen des Glasberges ist also ein Einweihungsvorgang. Im Märchen erreicht man den Gipfel des Glasberges im Allgemeinen in drei Stufen. Und das sind die oben beschriebenen Metallstufen: Kupfer, Silber, Gold. Auch «der himmelhohe Baum» hat häufig die drei Stufen, die durch die Metalle oder auch die entsprechenden Planeten charakterisiert sind.

Als Beispiel möchte ich das siebenbürgische Märchen *Der Wunderbaum* zitieren:[76]

Ein Hirtenknabe erblickte eines Tages einen himmelhohen Baum, den er noch nie gesehen hatte. Er bekam Lust, hinaufzuklettern. So zog er die Schuhe aus und stieg und stieg, in einem fort, neun Tage lang. «Siehe, da kam er auf einmal auf ein weites Feld, da waren viele Paläste von lauter Kupfer, und hinter den Palästen war ein großer Wald mit kupfernen Bäumen, und auf dem höchsten Baume saß ein kupferner Hahn. Unter dem Baume war eine Quelle von flüssigem Kupfer, die sprudelte immerfort, das war das einzige Geräusch, sonst schien alles wie tot und nichts rührte und regte sich. Als der Knabe alles gesehen hatte, brach er sich ein Zweiglein von einem Baum, und weil seine Füße vom langen Steigen müde waren, wollte er sie in der Quelle erfrischen. Er tauchte sie ein, und wie er sie herauszog, so waren sie mit blankem Kupfer überzogen. Er kehrte schnell zurück zum großen Baum, der reichte aber noch hoch in die Wolken, und kein Ende war zu sehen. ‹Da oben muss es noch schöner sein›, dachte er und stieg nun abermals neun Tage aufwärts.»

Nach abermaligem Steigen gelangt er in eine Silberwelt, die genau so ausgestattet ist wie die Kupferwelt, und danach in eine Goldwelt. Mit kupfernen Füßen, silbernen Händen und goldenen Haaren und mit drei verschiedenen Metallzweiglein kehrt er auf die Erde zurück. Dort ist von Schafen nichts mehr zu sehen, er ist in einem anderen Land. Er verbirgt, was er erworben hat, mit Schuhen, Handschuhen und einem Hut, geht in die nahegelegene Stadt und verdingt sich beim Koch des Königs als Küchenjunge.

Nun wird mit großer Selbstverständlichkeit der Glasberg mit der Königstochter eingeführt. Viele Ritter und Grafen versuchen hinaufzureiten, ihr die Hand zu reichen und sie dadurch zu erwerben, aber sie alle gleiten aus, brechen sich Arme und Beine und manch einer den Hals. Der Küchenjunge bekam vom Koch die Erlaubnis, von ferne zuzusehen. Dabei bekommt er Lust, es auch zu versuchen. Er legt Hut, Mantel und Handschuhe ab und zieht die Schuhe aus. Dann nimmt er das kupferne Zweiglein in die Hand und schreitet ohne Furcht und Zagen den Berg hinauf. Das fällt ihm ganz leicht, denn das Glas gibt unter seinen Füßen nach wie Wachs. Oben reicht er der Königstochter das kupferne Zweiglein, kehrt um, steigt hinab, legt in seinem Versteck wieder seine Kleider an und ist kurz darauf wieder in der Küche. Ähnliches geschieht am nächsten und übernächsten Tag.

Dann aber ist guter Rat teuer, weil man nicht weiß, wer der schöne Jüngling – der dreimalige Gewinner – war. Der König ordnet an, dass alle jungen Burschen des Landes barfuß, barhäuptig und ohne Handschuhe vor ihm erscheinen sollen. So kommt schließlich heraus, dass es der Küchenjunge war, der nun in seiner ganzen Schönheit erscheint, die Königstochter heiratet und König wird. Als er seiner jungen Frau auf ihren Wunsch hin den himmelhohen Baum zeigen will, ist dieser verschwunden und kein Mensch hat weiter davon etwas gehört oder gesehen.

Das Glasberg-Märchen hat weltweit etwa 300 Varianten, vor allem in Nord- und Osteuropa. Sehr schön ist auch das norwegische Märchen *Die*

Jungfrau auf dem Glasberg[77] und das deutsche *Der Ritt auf den Glasberg*[78], die beide weiter unten im Kapitel über «Angst und Mut im Märchen» besprochen werden.

Als Erwachsender kann man es sich zu einer Seelenübung machen, zu versuchen, ganz in der entsprechenden Metallität aufzugehen, sich damit zu identifizieren, ganz Kupfermensch, Silbermensch, Goldmensch zu werden. Man kann vielleicht sagen, darin bestehe der Aufstieg auf den Glasberg.

Kupferne Wärme – Füße – Erkraftung
Silberner Schein – Herz – Spiegelung
Goldener Glanz – Haupt – Erleuchtung

Vom Gold im Märchen

Das Gold im Märchen hat deutlich Qualitäten, die über seine Eigenschaften als Metall hinausgehen. Man kann dies ganz allgemein vom Symbolwert des Goldes sagen. Die goldenen Haare oder ein goldenes Schloss wird man zwar nicht substanziell, aber doch realistisch als Farbe vorstellen. Anders ist es bereits mit den «Goldkindern» und ihren goldenen Pferden und goldenen Lilien oder dem «goldenen Vogel». Ein goldener Regen bringt der Goldmarie Glück und Schönheit, dem Sterntalerkind Reichtum. Rumpelstilzchen hilft der Müllerstochter, Stroh zu Gold zu spinnen. «Die drei Männlein im Walde» wünschen dem guten Mädchen, dass ihm bei jedem Wort ein Goldstück aus dem Mund fällt. «Die zwei Brüder» finden jeden Morgen ein Goldstück unter ihrem Kopfkissen. «Morgenstund hat Gold im Mund.» Das Gold hat offensichtlich einen sehr vielfältigen Bildcharakter, der sowohl innere Qualitäten, Schönheit und Güte als auch Geldwert umfasst. Manchmal ist es flüssig, manchmal gemünzt. Es kann auch ein Klumpen sein, der einem lästig werden kann, wie bei *Hans im Glück*.

Daher auch die Mehrdeutigkeit beim «Goldmachen» in der Alchymie. Gold hat einen großen materiellen Wert und ist andererseits das Bild einer hohen menschlichen und kosmischen Vollendung. So wird es auch im täglichen Sprachgebrauch oder in der Poesie verwendet.

Ein häufiges Motiv sind die goldenen Haare. Wer hat goldene Haare?

«Es war einmal ein König, der hatte eine Frau mit goldenen Haaren, und sie war so schön, dass sich ihresgleichen nicht mehr auf Erden fand.» So beginnt das Grimm'sche Märchen vom *Allerleirauh*.[79] Hier sind die goldenen Haare angeboren. Die Königin trägt offensichtlich in sich ein Geisteserbe aus Urvergangenheiten, als der Mensch noch nicht Ich-begabt war, sondern stattdessen umströmt von dem reinen Goldfluss des Astralleibes. Diese Gabe ist in der Gegenwart nicht lebensfähig und versinkt im Tode: Die Königin stirbt. Anders ist es bei ihrer Tochter, die ebenfalls zu den göttlich Begnadeten gehört und der dies zum Lebensschicksal wird. Zwar ist sie mit der goldenen Schönheit begabt, aber zunächst muss sie sie verbergen; und um sie wirklich zu besitzen, muss sie sie neu erwerben durch Flucht aus der Heimat, Erniedrigung und Erdendienste. Das ist ein Motiv, das fast immer mit den goldenen Haaren verbunden ist.

Auch *Rapunzel*[80] gehört zu den Seelen, die als Mitgift aus geistigen Welten reiches Lichtgold ins Leben hineingetragen haben. Dieses wird ihr aber von einer Widersachermacht, die sie gefangen hält, geraubt. Die Haare werden abgeschnitten und sie wird wie Allerleirauh in die Heimatlosigkeit der Außenwelt verstoßen.

Die goldenen Haare können also angeboren sein. Häufiger aber werden sie erst erworben. Der Königsknabe im Märchen *Der Eisenhans*[81] wird von dem Herrn des Waldes, dem Eisenhans, in Dienst genommen. Er bekommt die Aufgabe, mitten im Walde den Goldbrunnen zu behüten. Als ihm die Zeit lang wird und er sich in dem Goldwasser bespiegelt, fallen ihm seine langen Haare nach vorn ins Wasser, sodass sein ganzes Haupthaar vergoldet wird. Daraufhin wird er vom Eisenhans verstoßen, wandert in die Welt und findet Arbeit zunächst als Küchenjunge, dann als Gärtner an einem Königshof. Die goldenen Haare verbirgt er unter einem Hütchen. Als der König aber in Not gerät, weil das Land mit Krieg überzogen wird, kann er mit Hilfe des Eisenhans die Feinde schlagen, und seine Schönheit tritt strahlend hervor.

Sehr ähnlich verläuft das rumänische Märchen *Draga Lunei.*[82] Da wird der Knabe, der Held des Märchens, von einem Einsiedler in einem Moses-Körbchen im Fluss gefunden. Er wächst bei dem Einsiedler auf. Als dieser stirbt, findet er auf dem Dachboden ein fliegendes Pferd, das von da an sein Freund und Helfer ist. Das Pferd bringt ihn in eine Stadt, wo er die irdischen Geschäfte der Menschen lernt. Danach heißt das Pferd ihn wieder aufsteigen und bringt ihn zu den Wolkenfrauen, die ihn als Diener annehmen. Dort gibt es ein Bad, in dem einmal im Jahr statt Wasser flüssiges Gold fließt. Wer dann als Erster badet, bekommt goldene Haare. Das tut der Knabe nach dem Rat seines Pferdes. Danach flieht er und wird Gärtnerlehrling auf einem Königshof. Über die goldenen Haare zieht er eine Rindsblase. Der weitere Verlauf ist sehr ähnlich wie beim Eisenhans. Er gewinnt die Königstochter gegen den Willen ihres Vaters, des Königs, zur Frau, aber als dieser in Kriegsnot gerät, erscheint der Knabe engelgleich mit seinen goldenen Haaren, gewinnt dreimal die Schlacht und rettet damit das Königreich – wie der Knabe im *Eisenhans.*

Goldene Haare stehen für Weisheit und Erleuchtung. Ein ausgesprochenes Rosenkreuzermotiv ist es, die goldenen Haare vor dem Anblick der Welt zu verbergen. Die Goldkraft verbirgt sich unter einer dunklen Hülle und offenbart sich erst, wenn eine Bewährung im Lebensdienst stattgefunden hat. Dieser Dienst geschieht durch praktische Arbeit wie bei den Rosenkreuzerbrüdern. Der Erleuchtete arbeitet an der Vergeistigung der Welt.

Im Märchen von *Draga Lunei* kann man sieben Bildstufen unterscheiden, in die man sich übungsweise versenken kann:

1. Ich werde geboren aus den Wassern der Welt.
2. Die Erdenreife schenkt mir ein fliegendes Gedankenross.
3. Ich übe mich ein in die Erdengeschäfte.
4. Bei den himmlischen Wolkenfrauen bade ich in einem lichten Goldstrom.
5. Ich pflege den Dienst an der Erde.
6. Ich vermähle mich mit dem Seelengeist.
7. Ich kämpfe für andere und finde Anerkennung.

Man spricht von einem Goldenen Zeitalter in ferner Vergangenheit. Auf alten Gemälden haben wir statt der Natur einen Goldgrund. Beides weist auf einen durchgeistigteren Zustand der Welt wie auch des menschlichen Bewusstseins in vergangenen Zeiten. Das Märchen weiß aber auch etwas vom Gold der Zukunft zu berichten, wie diese kleine bosnische Erzählung es darstellt:[83]

Das Goldgewebe für die Zeit der Guten

Man erzählt, dass es in Bosnien, unweit von Bosanski Petrovac, eine geheimnisvolle Höhle gibt, deren Tür von Erde bedeckt und mit Gras bewachsen ist. In der Höhle wohnt eine Königin mit ihren vielen Tauben. Die Tauben sprechen ständig mit der Königin, beim Herein- und Hinausfliegen macht sich die Türe selber auf und zu. Die Königin sitzt in der Höhle an einem goldenen Webstuhl und webt mit goldenen Fäden ein großes Tuch. Daran wird sie so lange weben, bis die bösen Menschen alle verschwunden sind. Wenn nur noch die guten Menschen da sind, wird die Königin die Höhle verlassen und über ihr Volk, das Volk der Guten, herrschen. Ihr goldenes Tuch aber, das sie gewebt, wird über das Land ausgebreitet werden.

Elementarwesen einst und jetzt

Alte Überlieferungen berichten von den Wesen einer Zwischenwelt zwischen dem Inneren des Menschen und der äußeren Natur. Man nannte sie Elementargeister, weil man sie den Elementen Erde, Wasser, Luft und Feuer zuordnete.

Wohin sollen wir uns wenden, um ihre Wirklichkeit zu erfahren? Leben sie draußen in der geheimnisumwobenen Atmosphäre eines bestimmten Ortes, sozusagen als Genius Loci? Oder sind sie Spiegelbilder der Menschenseele mit ihren Tugenden und Mängeln, also im psychologischen Sinne Projektionen? Sowohl die Sagen als auch Erlebnisberichte aus einem wie auch immer gearteten Hellsehen lassen mal das eine, mal das andere vermuten. Ganz sicher sind sie beides. Man kann sie Beziehungswesen nennen. Man hat ja sehr verschiedene Seelenerlebnisse in einer Gebirgslandschaft, an einem See oder in einer weiten Ebene, wo die Lerchen aufsteigen und die Raubvögel ihre Kreise ziehen. Aber man erlebt auch verschieden, je nachdem man ein genauer Beobachter von Einzelheiten, ein in die Stimmung sich einfühlender Künstler oder ein Mensch ist, der das Göttliche in der Natur sucht und verehrt. Das heißt, Elementarprozesse sind in gleicher Weise draußen im Festen, Flüssigen, Luftigen zu finden wie auch drinnen im Seelenhaften des Menschen. Beides ist in Wechselwirkung miteinander. Im träumenden Bewusstsein können wir fühlen, wie beides ineinanderwirkt. Die Außenwelt ist durch unsere Betrachtungsweise und unsere Intentionen gestaltet. Unsere Handlungen, aber auch unsere Gedanken und Gefühle strömen hinaus in die Welt und haben dort eine Wirksamkeit. Andererseits ist Naturhaftes nicht nur draußen, sondern wir sind durch unsere Leiblichkeit damit durchdrungen.

Wie war es früher? Die Sage von den Kölner Heinzelmännchen, die von August Kopisch auf so originelle Weise in Verse gebracht worden ist,[84] berichtet davon, wie die Menschen früher – es werden die verschiedensten Handwerker vorgeführt – erlebten, dass in der Nacht kleine Männlein kamen und für sie arbeiteten. Viele Menschen nehmen diese Erzählung als eine nette, phantastische Bilderbuchgeschichte. Das ist sie wohl auch, aber außerdem ist sie die sehr konkrete Schilderung eines alten Bewusstseinszustandes. «In der Nacht» will sagen: im Schlafbewusstsein, taten die Menschen ihre Arbeit. Sie arbeiteten aus ihren Instinkten heraus. Da wurde nicht so viel konstruiert und gemessen wie heute. Man hatte es einfach «im Griff». Selbst Wendeltreppen wurden nach Augenmaß angefertigt. Man war ganzheitlich in dem vollzogenen Prozess darinnen. Die Elementarwesen «bewohnten» die Organe des Menschen und diese Organe «belehrten» ihn (Rudolf Steiner).[85]

Unsere Geschichte berichtet von einem Schneider, für den die kleinen Männlein nachts arbeiteten. Wenn er morgens wach wurde, war bereits alles fertig. Das ging so lange gut, bis eines Tages des Schneiders Weib ihre Neugierde nicht mehr bezwingen konnte. Sie streute Erbsen und erschien in der Nacht mit ihrer Lampe, um die Wichtel zu beobachten. Da glitten diese auf den runden Erbsen aus, stürzten übereinander und rannten so schnell wie möglich davon, um nie wiederzukommen. Eine neue Zeit brach an, die Menschen begannen, alles mit dem Licht ihres Verstandes zu beleuchten. Bildhaft gesprochen: Wo Geister gewesen waren, sah man nur noch Erbsen. Dass es gerade Erbsen sind, schien mir lange Zeit nur eine phantasievolle Zutat zu sein; inzwischen sagt es mir, dass die Menschen begannen, ihre Aufmerksamkeit auf lauter Einzelheiten zu richten. Die Welt zerfiel ihnen in kleine Teilchen, eben in lauter «Erbsen». Für uns heute arbeiten die Männlein nicht mehr. Wir müssen die Gebrauchsanweisung lesen und «selbst fleißig sein», wie es in der Erzählung heißt. Das heißt nicht, dass die Menschen damals nicht fleißig gewesen wären, sie waren es nur nicht «selbst».

Es kann ein gültiger Zugang zur Welt der Elementarwesen sein, sich auf diese Art die überlieferten Bilder aufzuschließen und in Prozesse aufzulösen, die auch heute noch in ähnlicher Weise stattfinden können, allerdings nur ähnlich, denn auch Menschen, die heutzutage durch atavistische oder neu erworbene Fähigkeiten Elementarwesen «schauen», kommen nicht ohne «Erbsenbewusstsein» aus.

Und heute? Eine andere Frage, die man sich stellen kann, ist diese: Gibt es in der Gegenwart, wo sowohl der Mensch als auch seine Umwelt so sehr anders geworden sind, vielleicht auch andere Elementarwesen? Wir fühlen uns nicht mehr eins mit der Umwelt. Wir erleben nicht mehr, dass das kleine Volk in unserer unmittelbaren Nachbarschaft, «unter unserer Schwelle», lebt, wie man in Skandinavien erzählt hat.

Die Welt ist für uns berechenbar und manipulierbar geworden. Die Naturwissenschaft führte zu immer neuen technischen Errungenschaften und in der Folge zur Industrialisierung. Die Agrargesellschaft verfiel, die Menschen zogen in die Stadt, lösten sich aus den Naturzusammenhängen. Zunächst, gegen Ende des 19. Jahrhunderts, empfand man die neue Freiheit mit freudiger Fortschrittsgläubigkeit. Inzwischen ist dieser Fortschritt längst fragwürdig geworden. Dennoch rollen die «Fortschritte» mit starker Eigendynamik weiter. Was bedeutet das in Bezug auf die Gegenstände, von denen der Mensch umgeben ist und mit denen er umgeht?

Handgefertigtes wurde abgelöst durch normierte Fabrikware. Dadurch, dass Handwerker wie auch Verbraucher die verschiedenen Materialien, Holz, Stein, Ton, Eisen, Leder und so weiter noch mit all ihren Sinnen wahrnahmen, hatten sie vielfältige Empfindungen und Anregungen. Mit der Erfindung des Kunststoffs wurde das anders. Aus Plastik, dem undifferenzierten Einheitsstoff, lässt sich nahezu alles herstellen. Die Folge sind eine Konsum- und Wegwerfgesellschaft und seelische Verödung und Langeweile.

Der innerlich leere und vereinsamte Mensch sucht seine Lähmung durch äußere Anregungen und Bewegungen zu kompensieren, die ihm vielfältige Kontakte und Beziehungen vermitteln sollen. Daher entwickelte sich zur Produktion von Konsumgütern eine weitere Sparte der Industrie: die Verkehrs- und Kommunikationsmittel. Zu Steiners Zeiten gab es zwar Autos und Telefone, aber das diesbezügliche Angebot steckte doch noch in den Kinderschuhen. Um so erstaunlicher muten Worte Rudolf Steiners aus dem Jahr 1911 an:

«Wenn das nicht in die Menschenseelen einziehen könnte, was ihnen die Spiritualität bringen kann und was die anthroposophische Bewegung will, dann könnte etwa die äußere Kultur ein wenig fortgehen, aber die Menschen würden zuletzt dahin kommen, dass sie sich sagen würden: ja, das haben wir nun alles erlangt. Drahtlose Vorrichtungen tragen unsere Gedanken, Vorrichtungen, von denen sich unsere Vorwelt nichts hat träumen lassen, über den ganzen Erdball hin. Aber was haben wir davon? Die trivialsten, ödesten Gedanken schicken wir von einem Ort zum andern; menschliche Intelligenzkraft bis ins Höchste haben wir anspannen müssen, damit wir nun endlich mit allen möglichen vollkommenen Werkzeugen herüberbringen können von einem entfernten Ort der Erde an den andern, was wir nun essen, und angespannt haben wir unsere Kräfte der Intelligenz, um schnell, recht schnell den Erdkreis zu umspannen, aber wir haben in unserem Kopfe nichts darinnen, was wir irgendwie von einem Punkte zum andern tragen können. Denn die Gedanken, die wir tragen können, sind trostlos, und wahrhaftig, sie sind trostloser noch geworden, seit wir sie in unseren modernen

Fahrzeugen tragen, gegenüber denen, die wir getragen haben in den alten schneckenartig sich fortbewegenden Fahrzeugen.»

Man kann sich nur wundern, wie rasch diese Zukunft, von der Steiner sprach, Wirklichkeit geworden ist. Und obwohl man sich, wie es dort charakterisiert ist, eigentlich gar nichts mitzuteilen hat, geht von der weltweiten Vernetzung eine unglaubliche Faszination aus. Sie ist eine Karikatur der Tatsache, dass alle Menschen in einem geistigen Zusammenhang miteinander stehen durch ihre Volks- und Zeitgeister. Es fasziniert aber auch, mit welcher Leichtigkeit man sich gegenseitig ausspionieren kann. Außerdem ist es inzwischen eine bekannte Tatsache, dass der Umgang mit Computern süchtig machen kann. Dieses Hineingesaugtwerden in eine künstliche Welt ist eine weitere Folge unseres zivilisatorischen Fortschritts.

Und unmittelbar aus den bisher geschilderten Gefahren, der inneren Verödung und der Sucht, entwickelt sich eine weitere: die Aggressivität, die Gewaltbereitschaft. Die Herstellung von immer katastrophaleren Waffen ist ein weiterer großer Bereich unseres Wirtschaftslebens.

Durch Technik entstehende Elementarwesen der Unternatur

Den hier geschilderten Perversionen unserer Zivilisation kann man durchaus den Charakter von Elementarwesen zusprechen. Denn es sind Wirksamkeiten, die wir nicht selbst im Griff haben; sie führen ein wesenhaftes Eigenleben, haben sogar etwas Zwanghaftes. Rudolf Steiner hat es bildhaft ausgedrückt, wenn er sagte, dass die Elementarwesen in unserer Zeit, wenn sie keine Möglichkeit finden können, mit den Menschen eine neue spirituelle Beziehung aufzubauen, ein «Bündnis mit Ahriman» eingehen werden. Die Gnomen, die Geister des Festen, die im Menschen Aufmerksamkeit und Interesse wecken, finden ihr Gegenbild in Wesen, die die Seelen veröden. Die Undinen, die Wasserwesen, leben fühlend in Verwandlungen; ihre Gegenkraft ist die Sucht und ein ungeordnetes Sexualleben. Den Luftwesen, von denen Rudolf Steiner sagte: Die Sylphen sind die Träger des Liebeselementes im Kosmos,[86] stehen die Mächte der Zerstörung entgegen, beginnend bei der Ausbeutung und Vergiftung der Pflanzen- und Tierwelt bis hin zu Krieg und Gewalt im menschlichen Bereich. Dies alles sind Elementarwesen der Unternatur. Man kann von dem Pakt mit Ahriman sprechen, insofern sie mit uns unbewusst etwas tun, was wir nicht selbst ergreifen. Man kann sie auch «neue Elementarwesen» nennen. Wir müssen es ertragen, mit dem

Gedanken zu leben, dass wir von solchen Wesen umgeben sind und von ihnen gegängelt werden, ob wir wollen oder nicht.

Neue Elementarwesen im Natur-Erleben

Diese Aspekte haben etwas Deprimierendes, und wir haben auch keine Ursache, unsere Zeitlage als rosig anzusehen. Umso überraschter ist man, wenn man zur Kenntnis nimmt, was Rudolf Steiner ebenfalls im Jahr 1911 ausgesprochen hat: «Es wird um die Wende des 20. Jahrhunderts gleichsam geboren ein immerhin neues Reich von Naturwesen, das als ein geistiger Quell aus der Natur hervorgeht und für die Menschen sichtbar und erlebbar wird.» Dabei betont er, dass diese «aus der absterbenden Natur» hervorgehen werden, und fügt hinzu, dass auch die Menschen, die nicht sensibilisiert sind für das Wahrnehmen von «Wesenheiten», trotz aller Wehmut über das unaufhaltsame Absterben, immer mehr etwas Erfrischendes in der Natur erleben werden.[87]

Wie ist das möglich, dass zur gleichen Zeit, in der – wie oben geschildert wurde – zweifellos Scharen von ahrimanischen Elementarwesen in die Welt gesetzt werden, in der die Natur unaufhaltsam abstirbt, zunehmend etwas Erfrischendes von ihr ausgehen soll? Wurde im 20. Jahrhundert ein Nullpunkt durchschritten, von dem zwei polare Strömungen ausgehen: eine abwärtsziehende, im materiellen Denken erstarrende, und eine aufsteigende, den Weg durch das Absterbende zu den Auferstehungskräften durchstoßende? So scheint es. Doch müssen wir dabei mit der moralischen Bewertung dieser Strömungen vorsichtig sein. Es scheint mir, es geht um eine Schulung und Verwandlung der Denkkräfte.

Ein Weg zur Verwandlung des Denkens

Nachfolgend möchte ich Schritte andeuten, wie durch die Beobachtung von Denkstimmungen eine innere Entwicklung durchgemacht werden kann, die zu einem neuen Wahrnehmen elementarischer Wesenheiten führt.

1.) Eine erste Stimmung ergibt sich, wenn wir bemerken, dass unsere festen Vorstellungen unser Wahrnehmen überwuchert haben. Wir berühren die Wahrnehmungswelt eigentlich nur noch mit einem Zipfel unseres Seelenlebens, dem erstarrten Begriffsvermögen. Wir sehen etwas, erkennen, was es ist – der Begriff schnappt zu. Das ist ein Computerdenken, von dem aber unser Alltag weitgehend beherrscht wird und das uns zunächst Befriedigung verschafft.

2.) Es kann geschehen, dass die Härte und Kälte dieses Begriffsbewusstseins uns seelisch frieren machen. Wir empfinden dann die Welt starr und wie gefroren. Überall stößt man an. Aber man ahnt, dass es Wesen geben könnte, die von der anderen Seite her dasselbe Erlebnis haben. Es gibt ein Gedicht von Gottfried Keller über dieses Thema. Es handelt von einem Menschen, der auf der Eisdecke eines Sees steht und unter sich die Wassernixe erblickt:

«Mit ersticktem Jammer tastet sie
an der harten Decke her und hin.
Ich vergess das dunkle Antlitz nie,
immer, immer liegt es mir im Sinn.» (Aus: *Winternacht*)

3.) Zur Beschreibung des nächsten Schrittes möchte ich auch ein Bild aus der Literatur zu Hilfe nehmen. Ibsens *Peer Gynt* begegnet einem elementarischen Wesen, das «der große Krumme» genannt wird. Wohin er sich auch wendet, überall ist der große Krumme im Wege und versperrt ihn. Er ist die Wesen gewordene Schwellenangst. Auf Peers verzweifelten Ruf «Wer bist du?» hört er nur die Antwort: «Ich selbst.» Die Welt reflektiert meine Schwächen. Der Weg ins Innere der Natur ist mir versperrt durch mich selbst.

4.) Die Selbsterkenntnis kann zu einer Reinigung führen. Indem ich mich selbst zurückhalte, resigniere, beginnen die Dinge, ihr Wesen auszusprechen. Dabei spürt man, wie das Innere immer mehr dem Äußeren zu entsprechen beginnt und sich dabei «reinigt». Bei Goethe gibt es die Beschreibung eines solchen Erlebens einer Landschaft gegenüber: «Wie herrlich ist ein solches reines Gefühl, wenn es bis gegen den Rand steigt, ohne überzulaufen. Mein Auge und meine Seele konnten die Gegenstände fassen, und da ich rein war, diese Empfindung nirgends falsch widerstieß, wirkten sie, was sie sollten.»[88]

5.) Was sollten sie wirken? Es ist von dieser Art der Wahrnehmung nur noch ein kleiner Schritt bis dahin, wo das Angeschaute zum «Bild» wird. Das ist zugleich der Übergang zum reinen Denken. «Da fällt gewissermaßen in den Organismus zurück alles Materielle, das sich an dem menschlichen Innenleben beteiligt hat, und es bleiben allein die Bilder. Tatsächlich ist es so, dass wir, wenn wir uns zum reinen Denken aufschwingen, in Bildern leben. Unsere Seele lebt in Bildern.»[89]

Die Materie tropft heraus, das Geistige bleibt

Wenn das, was hier in fünf Stufen geschildert wurde, zu einem echten Erlebnis wird, so ist es erschütternd und befreiend zugleich. Es ist ein innerer Herbstprozess. Im Herbst fallen die Blätter zu Boden, das Materielle der Pflanzenwelt löst sich auf. Was bleibt, ist nur die Winzigkeit der Samen. Sie sind die Träger der Pflanzenbilder, die unsichtbar den Winter überdauern, um im Frühling sich neu zu verleiblichen. Diesen Vorgang kann der Mensch innerlich mitvollziehen, eine Fähigkeit, die erst durch das reine Denken möglich wird, indem es diese Pflanzenbilder rein zu erfassen vermag – ohne sinnliche Vorgaben, auch ohne gewöhnliches Gedächtnis. Es sind sinnlichkeitsfreie Bilder, übersinnliche Bildkeime: Märchenbilder.

Dadurch, dass wir auf diese Weise die Natur zum Bild werden und darin unser Erleben sich entfalten lassen, geben wir den Elementarwesen das zurück, was sie in alter Zeit für uns getan haben. Damals haben sie uns so in den Raum gestellt, dass wir unsere Tätigkeit als Glied eines Ganzen ausführen konnten. Jetzt machen wir durch innere Aktivität die Zeit zum Raum und tragen Zusammenhänge in die Zukunft hinein. Wir schaffen neue Elementarwesen, und das hat in der Tat etwas ungeheuer Erfrischendes. «Empfinden kann ich freudevoll / Des Herbstes Geist-Erwachen, / Der Winter wird in mir / Den Seelensommer wecken.»[90]

Die Naturwissenschaft hat zur Technik und in der Folge zur Unternatur geführt; aber das ist nur das Abfallprodukt, das negative Zerrbild der positiven Möglichkeit, durch das sinnlichkeitsfreie Denken das Materielle aus dem Gedankenprozess heraussondern zu können und dadurch zur reinen Bildhaftigkeit, zur Imagination zu kommen. Dann wird uns klar: Die neuen Elementarwesen werden durch den Menschen geschaffen – und zwar im Bösen wie im Guten.

Zwerge, Riesen und Trolle

Zur Alchymie gehörte die Lehre von den Elementen und Elementarwesen. Für die Rosenkreuzer ließ sich die Existenz solcher Wesenheiten problemlos mit ihrer christlichen Weltanschauung verbinden. Anders war es im Kirchenchristentum, von dem die Märchen gerade auch wegen ihrer Erzählungen von den in der Natur wirksamen Wesenheiten abgelehnt wurden.

Für uns kann es ein wichtiges Anliegen sein, mit den in Märchen und Sagen tradierten Bildern so umzugehen, dass das seelische Erleben, aus dem sie hervorgegangen sind, nachvollziehbar wird. Das ist durch die Anthroposophie möglich. Die Fragestellung ist dann nicht: Was bedeutet das Bild eines Zwerges?, sondern: In was für einem Bewusstseinszustand befand sich ein Mensch, dem diese Imagination auftauchte? Und weiterhin: Wie können wir unser gegenwärtiges Bewusstsein so erweitern, dass es den Sinn dieser Imagination erfassen kann? Gelingt es uns, zu der Sphäre, aus der heraus die Bilder entstanden sind, vorzustoßen, so bereichert sich dadurch die Wahrnehmungsfähigkeit, unsere Sinneswahrnehmung wird verfeinert und durchseelt. Die Bilder können so zu Organen werden, durch die sich neue Erlebnisbereiche erschließen. «Wir leben wirklich schon in einer Zeit, in der beginnen muss – wenn nicht das Mitleben des Menschen mit der Welt überhaupt absterben soll – dieses Untertauchen in die geistigen Fluten der Naturgewalten, das heißt, der hinter der Natur liegenden Geistgewalten».[91] Der Nebensatz «wenn nicht das Mitleben des Menschen mit der Welt überhaupt absterben soll», 1914 ausgesprochen, kann uns betroffen machen. Denn man kann heute lesen – was damals sicher noch nicht der Fall war –, dass mehr und mehr Jugendliche in psychiatrische Behandlung kommen wegen einer Unfähigkeit, mit Sinneswahrnehmungen eine seelische Empfindung verbinden zu können. Der schönste Natur- oder Kunsteindruck lässt sie kalt. Prüfen wir uns und unsere Mitmenschen daraufhin, so werden wir feststellen: Das Mitleben mit der Welt ist schwach geworden, selbst da, wo man dies noch nicht als krankhaft erleben muss. Ist es auf dem Wege, abzusterben? Liegt im Absterben der inneren Erlebnisfähigkeit vielleicht eine Parallele zu der absterbenden äußeren Natur?

Was in den Märchen und Sagen aus einem alten hellseherischen Bewusstsein heraus als Elementarwesen geschildert wird, ist dasjenige, was die Verbindung, das Mitleben des Menschen mit der Welt damals garantierte. Denn die dort beschriebene elementarische Welt liegt zwischen Außenwelt und Innenwelt, zwischen physischer und geistiger Welt, zwischen Natur und Seele. Beides hängt innig miteinander zusammen, so wie Goethe es ausdrückte:

> «Nichts ist innen, nichts ist außen,
> denn was drinnen, das ist draußen.»

Elementarwesen können Repräsentanten bestimmter Seelenbereiche oder aber bestimmter Natur- oder Weltbereiche sein. Auf der Suche nach ihnen geht es also darum, die Aufmerksamkeit auf einen Zwischenbereich zu lenken, in dem wir zwar wahrnehmend, denkend, fühlend und handelnd leben, den wir aber meistens unbeachtet lassen.

Daran kann man meditativ arbeiten, aber man kann auch bei den täglichsten Verrichtungen darauf achten – in der Küche oder bei der Gartenarbeit. Die wenigsten Menschen können noch eine Wiese mit einer Sense mähen. Es ist eine rhythmische Tätigkeit, die eine gewisse Geschicklichkeit erfordert. Gelingt es dabei, sich dieser Tätigkeit ganz hinzugeben, so kann man in den Rhythmus der Arbeit hineinkommen. Plötzlich ist man nicht mehr müde, es ist, als ob einem jemand hilft. Die Hilfe kommt aus einer Region, die tief im Unbewussten liegt. Man empfindet auf einmal Befriedigung und Freude. Vielleicht fühlt man sich sogar gedrängt, die Arbeit mit Singen zu begleiten. Ein solches Erlebnis ist heutzutage selten geworden, hingegen hat fast jeder schon mit einem Rasenmäher gemäht. Das ist sehr einfach, man schiebt eine brummende Maschine hin und her. Gerade den rhythmischen Teil der Arbeiten hat man dabei an die Technik delegiert. Es kann sogar noch weiter gehen. Es gibt schon Mähmaschinen, die auf der Wiese herumfahren und dabei die Arbeit ganz alleine erledigen.

Durch diese «Fortschritte» wird zwar die Produktion gesteigert, aber das Verhältnis zur Arbeit ist mehr und mehr ein unfrohes geworden. Aus dem rhythmischen Zusammenschwingen von sich und Umgebung hat sich der Mensch, eben mit Hilfe der Technik, weitgehend gelöst. Gerade aus dieser Wechselwirkung sind aber nicht nur Lieder, sondern auch die Märchen entstanden: Auf den Wogen des Rhythmus kamen sie heran, von den Wasserfrauen gesungen, wie es in dem Märchen aus der Ukraine, das in dem Kapitel über die Bildekräfte erwähnt wurde, geschildert wird. Märchen bringen also nicht nur «Berichte von Elementarwesen», sondern sie sind als Sprachgestalt aus der Welt, in der diese Wesen leben, herausgewachsen. Diese lebendige, rhythmisch-pulsierende Welt wurde halbwach – wie träumend – erlebt. Das moderne, helle Gegenstandsbewusstsein ließ sie verschwinden. Der Dichter kann manchmal noch etwas davon ahnen. Goethe nannte das schöne Gedicht, das er im Lauterbrunnental bei den Staubbachfällen gemacht hat – beim Strömen, Wellen und Stäuben der Wassermassen – den *Gesang der Geister über den Wassern.*

Davon, wie die Menschen bei ihren Tätigkeiten die Hilfe kleiner Wesen wahrnehmen konnten, haben wir schon in der originellen Geschichte von den *Heinzelmännchen zu Köln* gehört. Eine andere Wichtelmännchen-Geschichte ist das norwegische Märchen *Die Wichtelmännchen auf Sandflesa.*[92]

Auch hier wird dargestellt, wie eng der Mensch in alter Zeit seelisch instinktiv mit hilfreichen Naturwesen verbunden war. Die Geschichte handelt von zwei Brüdern: Der ältere, Hans-Nicolai, ist habgierig und schlau, verschlossen und schweigsam, der jüngere, Glück-Anders, heiter und unbefangen, übermütig, immer guter Laune. Hans-Nicolai setzt den Bruder auf einer Insel aus, um allein in den Besitz des väterlichen Erbes zu gelangen. Dieser aber lässt den Mut nicht sinken und hält sich notdürftig am Leben. Am Weihnachtsabend sieht er, wie eine Nordlandjacht sich der Insel nähert und dort anlegt. Viele blaugekleidete Wichtelmänner steigen aus und begeben sich in die Fischerhütte, in der er haust. Dort halten sie ein Festmahl, sind vergnügt und fangen an zu tanzen. Glück-Anders ergreift geistesgegenwärtig die Situation. Er schleicht sich zu dem Boot und «bannt» es mit dem Kreuzeszeichen. Und als der Tanz der Wichtelmänner, dem er, im Gebälk sitzend, zuschaut, zu arg wird – Tische und Bänke tanzen bereits mit, und auch ihm beginnt es, in den Beinen zu zucken –, schießt er mit seiner Flinte zum Fenster hinaus. Der Knall treibt die Wichtelmänner in die Flucht und bringt auch ihn voll auf den Boden der Wirklichkeit zurück. Mit der Jacht und den Schätzen der Wichtelmänner kehrt er nach Hause zurück und hat überdies noch eine Braut gewonnen, denn die Wichtel hatten ein Menschenmädchen bei sich, das sie geraubt hatten.

Nun folgt noch das Gegenbild. Der ältere Bruder betrachtet die glückliche Rückkehr des Bruders voller Neid. Am nächsten Weihnachtsabend begibt er sich ebenfalls auf die Insel. Er begegnet hier aber keinen Wichtelmännern, sondern greulichen Seegespenstern, die mit widerwärtigem Heulen und kalten, bebenden Schreien heranplatschen: ein alptraumartiges Erlebnis. Die

Wesen sind kurz und dick wie Heuhaufen, und als Kopf und Haare haben sie ein Gewirr von Seetang. Hans-Nicolai möchte durch den Schornstein entfliehen, aber er bleibt darin stecken. Als er mit dem ersten Hahnenschrei endlich loskommt, ist er wahnsinnig geworden.

Ist es nicht merkwürdig, dass die beiden Brüder an der gleichen Stelle und zur gleichen Jahreszeit so grundverschiedene Dinge erleben? In dieser Geschichte ist der Akzent darauf gelegt, dass es von der moralischen Beschaffenheit der Seele abhängt, welche Wesen angezogen werden. Bei Glück-Anders wird besonders seine Heiterkeit und Positivität betont. Er ist überzeugt davon, dass er immer Glück hat, daher hat er auch seinen Namen. Er weiß seine Chance aber auch mit großer Geistesgegenwart zu ergreifen. Er lässt sich nicht «von Grund und Boden wegtanzen», er will sich nicht mit herabgedämpftem Bewusstsein auf einen «Trip» begeben. Bei seinem Bruder wird (ähnlich wie in vielen anderen Märchen) besonders sein berechnendes Wesen negativ bewertet: Er fährt auf die Insel, um für sich Vorteile zu erlangen, und das Märchen zeigt drastisch, wie eine aus Habgier, Hass und Egoismus getane Handlung auf den Täter selbst zurückschlägt. Hier sind die erlebten Elementarwesen deutlich Projektionen des gegensätzlichen Charakters der beiden Brüder.

Ähnlich und doch etwas anders ist es in dem Grimm'schen Märchen *Die drei Männlein im Walde.*[93] Dort begegnen die beiden Mädchen, um die es geht, das gute und das böse, zwar den gleichen «Haulemännern», aber diese bedenken sie mit verschiedenen Wünschen. Dem hilfreichen und fleißigen Mädchen wünschen sie, dass es mit jedem Tage schöner wird, dass ihm bei jedem Wort ein Goldstück aus dem Mund fällt und dass ein König es zur Gemahlin nimmt. Dem faulen und selbstsüchtigen wünschen sie dagegen, dass es mit jedem Tag hässlicher wird, dass ihm bei jedem Wort eine Kröte aus dem Mund springt und dass es eines bösen Todes sterben soll. Und so geschieht es.

Oben wurden die Elementarwesen «Beziehungswesen» genannt. Die Zwerge repräsentieren die Beziehung zum Element des Festen, das heißt aber auch des Gedanklichen. Daher werden ihre Gedanken Wirklichkeit, ihre Wünsche gehen in Erfüllung.

In dem plattdeutschen Märchen *Dat Erdmänneken*[94] sind drei Prinzessinnen tief unter die Erde verwünscht, weil sie einen verbotenen Apfel gegessen haben. Drei Jägerburschen ziehen aus, um sie zu suchen. Sie kommen in ein unbewohntes Schloss und beschließen, dort zu verweilen. Jeden Tag ziehen sie das Los, wer zu Hause bleiben soll, während die beiden anderen losziehen, die Prinzessinnen zu suchen. Das Los trifft erst den Ältesten, dann den Zweiten, dann den Jüngsten, den die andern den dummen Hans nennen. Jeweils um die Mittagszeit kommt ein kleines Männlein und bettelt um ein Stück Brot, das es auch bekommt. Aber immer, wenn es das Brot bekommen hat, lässt es es fallen und verlangt von dem Burschen, es aufzuheben. Wenn dieser das aber tut, packt es ihn bei den Haaren und prügelt ihn durch. So geht es dem Ersten, dem Zweiten, der Dritte aber weigert sich, das Brot aufzuheben und sagt: «Wenn du dir nicht mal so viel Mühe um dein tägliches Brot machst, dass du es aufhebst, bist du auch nicht wert, dass du eins bekommst.» Da fängt das Männlein an zu zetern und zu schreien, bis der Bursche es packt und ordentlich durchprügelt.

Diese Szene ist eher ungewöhnlich in einem Märchen, aber auch verständlich. Es ist gut, hilfreich zu sein, man soll sich aber auch nicht tyrannisieren lassen.

Daraufhin schrie das Männlein, er solle aufhören, dann würde er ihm auch sagen, wo die Königstöchter wären; und es erzählt ihm, es wäre ein Erdmännlein, und von ihnen gäbe es über tausend. Danach führt es ihn zu einem Brunnen, in dem kein Wasser ist, und sagt, da unten seien drei Kammern. In jeder säße eine Königstochter und hätte einen Drachen zu lausen. Er müsse sich in einem Korb herunterlassen und eine Klingel mitnehmen, um ein Zeichen zu geben, wenn er wieder heraus wolle. Dann warnt das Männlein ihn noch vor seinen Gesellen und sagt, dass sie es nicht ehrlich mit ihm meinten.

Als diese nach Hause kommen, erzählt er ihnen die ganze Geschichte. Sie finden den Brunnen, er lässt sich hinunter, findet die Prinzessinnen und schlägt den Drachen die Köpfe ab. Dann gehen sie zu dem Korb. Nacheinander lässt er die Prinzessinnen hinaufziehen. Aber als er selbst an der Reihe ist, wieder nach oben zu kommen, erinnert er sich an die Warnung des Männleins und legt einen dicken Stein in den Korb. Da wird auf halber Höhe die Schnur durchgeschnitten und der Korb und der Stein fallen herunter. Nun ziehen die anderen beiden mit den drei erlösten Prinzessinnen nach Hause, der Jüngste aber bleibt ratlos in dem Brunnen zurück. Als er so herumschaut, findet er eine «Fleutepiepen» und fängt an, aus Langeweile ein wenig darauf zu blasen. Und siehe da: Bei jedem Ton kommt ein Erdmännchen herbei, und diese fragen ihn, was er wünscht. Er wünscht sich, aus dem Schacht herauszukommen. Da packt jedes Männlein ihn an einem Haar, und so tragen sie ihn hinaus: ein schönes Bild, stehen die Haare doch für Weisheit und Gedankenkraft.

Wie das Märchen zu Ende geht, können wir uns schon vorstellen.

Zu jeder Wahrnehmung, zu jedem Gegenstand kann man die vielfältigsten Gedanken bilden, und so haben die Zwerge eine Tendenz zur Vielheit, im Gegensatz z. B. zum Wässrigen, das immer nach dem Zusammenfließen, nach Einheitlichkeit strebt. Zur Vielheit passt das uns vertraute Bild der Zwerge, die unter der Erde arbeiten, indem sie mit ihren Zwergenhämmerchen Metalle und Edelsteine gewinnen. Davon gibt es ein ganzes Gewimmel, z. B. bei *Schneewittchen.* Die Wichtelmännchen von Sandflesa und die eben erwähnten Erdmänneken sind unzählbar. Es sind mindestens so viele, wie man Haare auf dem Kopf hat.

Es gibt aber auch Märchen, wo die Männlein als Einzelne auftreten. Ein Beispiel bringt das Märchen *Dat Erdmänneken* im ersten Teil, wo das Männlein allein auftritt.

Einzelne Männlein stehen oft am Wegrand und fragen. Wenn sie eine ordentliche Antwort bekommen, können sie sehr hilfreich sein. Aber es kann auch danebengehen, wie die Geschichte vom *Vogel Gryff*[95] zeigt.

Dort ziehen drei Bauernsöhne nacheinander aus, um der kranken Königstochter Äpfel zu bringen, an denen sie sich gesund essen soll. Auf dem Weg treffen sie jeweils ein altes, eisgraues Männlein, «es chlis isigs Manndle», das fragt, was sie in ihrem Korb haben. Der Älteste erwidert: «Froschschenkel», und das Männlein sagt darauf: «Dann sollen es solche sein und bleiben.» Als er beim König seinen Korb aufdeckt, ist er voll mit zappelnden Froschbeinen, und man kann sich denken, wie es ihm weiter ergangen ist. Ebenso geht es dem Zweiten mit seiner Antwort: «Sauborsten». Der Dritte hingegen gibt ehrliche Auskunft, die ebenfalls durch das «So sei es» des Männleins bestätigt wird, und so kann sich die Prinzessin an seinen Äpfeln wirklich gesund essen. – Wie oft geschieht eine Katastrophe, von der die Menschen hinterher entsetzt sagen: «Das haben wir nicht gewollt», aber der Hergang ist vorher durchaus gedacht worden. Das Denken ist bei weitem nicht so unverbindlich, wie wir gerne glauben.

Wir sehen, in all unserem Denken und Handeln, das sich auf die materielle Welt bezieht, leben diese Weisheitswesen, die ganz aus «Gedankenstoff» bestehen. Sie sind die Grundlage der mineralischen Welt, der Welt des Festen, Harten. Und weil das Feste der Bereich ist, der die deutlichsten Konturen zeigt, so finden wir die Gnomen in der Überlieferung auch am genauesten nach Gestalt und Tätigkeit beschrieben. Sie sind klein: Denken erfordert Konzentration. Sie haben große Köpfe und lange Bärte und sind alt: Alles Gedachte hat mit der Vergangenheit zu tun.

Die feste Materie hat aber auch den Aspekt des Dumpfmachens. So haben wir als Gegenbild zu den Zwergen die Riesen. So klein und klug, bisweilen listig diese sind, so groß und dumm sind jene. Es sind Naturgewalten, Giganten, Titanen, Kyklopen, die aus grauer Vorzeit stammen, ursprünglich götterverwandt. Sie schlummern sozusagen in den Tiefen, können losgelassen aber verheerend wirken als Sturm- oder Frostriesen oder auch im ungezügelten Losbrechen menschlicher Leidenschaften. In den Märchen und Sagen reißen sie Bäume aus, werfen Lawinen ins Tal, verursachen Erdbeben. Sie sind Überbleibsel aus mythischer Vorzeit, häufig einäugig – als Zeichen ihres urtümlichen Bewusstseins – wie der Riese Polyphem in der Odysseus-Sage, und wie dieser werden sie auch öfters als Menschenfresser apostrophiert. Es gibt ein Märchen aus der Gascogne, wo sich übrigens oft Motive aus der griechischen Mythologie finden lassen, das heißt *Der Menschenfresser.*[96]

Es handelt von einem Jungen und einem Mädchen, den Kindern einer Witwe, die sehr arm ist. Da entschließen sie sich zu dem Wagnis, zu den Menschenfressern zu ziehen. Das sind Riesen, sieben Klafter hoch, die nur ein Auge haben – mitten auf der Stirn. Den ganzen Tag hüten sie ihre Ochsen und Schafe, die goldene Hörner haben, und bringen ihr Vieh am Abend bei Sonnenuntergang in ihre Höhlen zurück. Wenn sie einen Christen erwischen, dann braten sie ihn lebendig auf einem Rost und verschlingen ihn mit einem Bissen. Ungern lässt die Mutter sie ziehen, aber sie hängt der Tochter ein kleines silbernes Kreuz um mit der Bitte, sich niemals davon zu trennen, weder am Tag noch in der Nacht.

Als die Kinder in das Land der Riesen kommen, beginnen sie, goldene Hörner zu sammeln, und haben nach sieben Tagen hundert Stück zusammen. Gerade kurz bevor sie nach Hause gehen wollen, geschieht das Unglück: ein Riese kommt vorbei, packt sie, steckt sie in seinen Sack und schleppt sie in seine Höhle, die mit einem hundert Zentner schweren Stein verschlossen ist. Er brät ein Schaf auf dem Rost; gibt den Kindern auch davon und lässt sich von ihnen Geschichten erzählen. Die Kinder wissen eine Menge Geschichten, aber als das Mädchen ein Gebet spricht, gerät er in Wut, brät es auf dem Rost und verschlingt es.

Der Junge sieht das mit Entsetzen und kommt auf den gleichen Gedanken wie einstmals Odysseus: Als der Riese schläft, bringt er einen Pfahl zum Glühen und rammt ihn dem Riesen in sein einziges Auge. Dieser schreit, ruft um Hilfe und tobt herum. Am nächsten Morgen aber will er sein Vieh herauslassen, schiebt den Stein beiseite, und damit ihm der Junge nicht entwischt, betastet er jedes Wesen, das die Höhle verlässt. Der Junge aber hat sich mit einem Schafspelz bekleidet und entkommt. Der Riese merkt es, will hinterherrennen, aber es macht sich bemerkbar, dass er am Abend sehr viel Wein getrunken hat. Es wird ihm übel und er muss erbrechen. Dabei kommt auch das kleine Mädchen wieder zutage. Es hatte immer das silberne Kreuzchen bei sich und so ist ihm im Bauch des Riesen nichts geschehen. Der Junge badet seine Schwester im Bach und hüllt sie in das Schafsfell. Dann machen sie sich mit ihren Hörnern auf den Heimweg. In der nächsten Stadt bekommt der Junge bei einem Goldschmied für ein einziges Horn tausend Dukaten. Sie kaufen sich Kleider und ein Pferd und kehren heim zur Mutter.

Außer den gigantischen, zerstörerischen Riesenwesen gibt es in den Erzählungen der meisten Völker auch Schutzgeister wie den Herrn des Waldes, den Herrn der Tiere oder auch Herren einzelner Tierarten, z.B. den Adlerkönig, den Fischkönig, den Fuchskönig. Bei diesen kann man wohl an Tiergruppenseelen denken. Dann gibt es auch den Herrn des Meeres, der meist eine sehr schöne und begehrenswerte Tochter hat, oder den der Winde. Die Winde treten oft in der Vierzahl auf und helfen bei der Überwindung großer Entfernungen. Zum Beispiel kann in dem norwegischen Märchen *Östlich der Sonne und westlich des Mondes* das dort befindliche Schloss nur mit Hilfe des Ostwinds, des Westwinds, des Sonnenwinds und schließlich des stärksten von allen, des Nordwinds, erreicht werden. Aber auch in einem serbischen Märchen kann der Glasberg nur angeflogen werden, wenn der «Zar der zweiunddreißig Winde» zur Hilfe gewonnen wird. An der Art der Ziele in den genannten Märchen merkt man schon, dass die Winde in einem Grenzbereich wirksam sind, entweder als letzte Station, ehe man die «Atmosphäre» verlässt und in die Planetenwelt eintritt, oder sogar bereits im «anderen Land». Ein sehr schönes Märchen vom Riesen der Winterstürme ist die aus Sibirien stammende Erzählung *Der Herr der Winde.*[97]

Dort wird erzählt, wie ein alter, in einem Zelt lebender Nomade seine drei Töchter eine nach der anderen zu Kotura, dem Herrn der Winde, schickt, um ihn zu bitten, den tödlichen Schneesturm aufhören zu lassen. Der Weg führt zuerst auf einen Berg, dann auf der anderen Seite wieder hinunter. Vielleicht kann man sagen, in das Reich «hinter der Natur». Auf dem Weg bergauf müssen die Mädchen sich dem Unwetter voll aussetzen, auf der anderen Seite fahren sie mit ihren Schlitten unmittelbar vor das Zelt des Sturmriesen. Hier müssen sie sich nun bewähren: sie werden von dem Riesen Kotura geprüft. Dabei geht es nicht um schlaue Überlistung. Die erste Aufgabe ist, ein Mahl zu bereiten und auch etwas davon ins Nachbarzelt, zur Mutter des Riesen zu bringen. Als Zweites müssen sie ihm ein Gewand und

Handschuhe nähen. Die zwei Älteren versagen – der Herr der Winde wirft sie in eine Schneewehe, wo sie erfrieren – die Dritte aber bewährt sich und Kotura nimmt sie zur Frau.

Was wird in diesem Märchen ins Bild gebracht? Natürlich denkt man zunächst an äußere Witterungsverhältnisse und Naturkatastrophen, wovon ja in dem Märchen ganz konkret die Rede ist. Aber diese natürlichen Ereignisse können auch Bilder von innerseelischen oder sogar physiologischen Vorgängen sein. Rudolf Steiner sprach in seinem Vortrag über «Märchendichtungen» am 6. Februar 1913[98] von den im tiefsten Unbewussten der Seele sich abspielenden Seelenkonflikten, von denen jeder Mensch täglich beim Aufwachen einen erlebt, wenn die Seele auftaucht aus der Welt, in der sie unbewusst während des Schlafes weilt. Dann spielt sich immer auf dem Grunde der Seele ein Kampf ab, «der Kampf der in sich geschlossenen Seele, sich in sich erlebenden, einsamen und ihre Geisteswege suchenden Seele mit den gigantischen Kräften des Naturdaseins, denen wir ja im äußeren Leben gegenüberstehen, wenn wir gewissermaßen menschlich-hilflos dastehen und erleben, wie Donner und Blitz, wie die Elemente sich über den hilflosen Menschen entladen. Aber das alles – und selbst wenn es so gigantisch auftritt, wie manche nur seltenen elementarischen Naturerlebnisse in ihrem Verhältnis zum Menschen – ist eine Kleinigkeit gegenüber dem Kampfe, der im Unterbewussten bleibt, der sich abspielt beim Aufwachen, wenn die Seele sich nun verbinden muss mit den Kräften und Substanzen des rein natürlichen Leibes, in welchen sie untertaucht, um sich ihrer Sinne wieder zu bedienen, die von Naturkräften beherrscht werden, und um sich der Gliedmaßen zu bedienen, in denen Naturkräfte spielen ... Es ist wie eine Sehnsucht der Menschenseele, in das rein Natürliche unterzutauchen, eine Sehnsucht, die sich ja bei jedem Aufwachen erfüllt, und zu gleicher Zeit ist es wie ein Zurückbeben, ein Sichhilflosfühlen gegenüber dem, was wie ein ewiger Gegensatz zur Menschenseele existiert, gegenüber dem rein Natürlichen, das in der äußeren Leiblichkeit waltet, in die hinein man erwacht. So sonderbar es klingt, dass ein solcher Kampf sich täglich abspielt auf dem Grunde der Menschenseele, so ist es doch ein Erlebnis, das an der Menschenseele eben unbewusst vorbeizieht.»

Jahrelang war mir diese Äußerung bekannt, ohne dass mir ihre ganze Tragweite zum Bewusstsein kam. Ich habe sie wohl doch zu oberflächlich genommen. Auf was Steiner hier hindeutet, wurde mir erst klar, als sich in meinem Bekanntenkreis die Fälle mehrten, wo der Tod oder ein Schlaganfall gerade in den frühen Morgenstunden eintrat, und als ich bemerkte, dass

Kreislaufstörungen oft gerade morgens besonders relevant sind, wenn noch keinerlei bewusste körperliche Anstrengung stattgefunden hat.

In der Anthroposophie erfahren wir, dass die menschliche Seele und das Ich nachts in einer geistigen Welt weilen, um sich morgens erneut mit dem vom Ätherleib durchdrungenen physischen Leib zu vereinigen. Das klingt so harmlos, und man denkt im Allgemeinen nicht daran, dass hier auf einen dramatischen Kampf hingewiesen wird, der nicht nur vergleichbar ist mit den leider immer wieder auftretenden äußeren Naturkatastrophen, sondern diese – so Steiner – noch erheblich übertrifft. Eine Erzählung, die von dieser morgendlichen Begegnung mit den Riesen handelt, ist der erste Teil des schönen Grimm'schen Märchens *Der Trommler*.[99]

Es beginnt mit dem Abend, der diesem Morgen vorangeht: Ein junger Trommler ging eines Abends ganz allein auf dem Feld und kam an einen See, da sah er an dem Ufer drei Stückchen weiße Leinewand liegen. «Was für feines Leinen», sprach er und steckte eins davon in die Tasche. Er ging heim, dachte nicht weiter an seinen Fund und legte sich zu Bett. Als er eben einschlafen wollte, war es ihm, als nennte jemand seinen Namen. Er horchte und vernahm eine leise Stimme, die ihm zurief: «Trommeler, Trommeler, wach auf.» Er konnte, da es finstere Nacht war, niemanden sehen, aber es war ihm so, als schwebte eine Gestalt vor seinem Bett auf und ab. «Was willst du?», fragte er. «Gib mir mein Hemdchen zurück», antwortete die Stimme, «das du mir gestern Abend am See weggenommen hast.» «Du sollst es wiederhaben», sprach der Trommler, «wenn du mir sagst, wer du bist.»

Es stellt sich heraus, dass es sich um eine Königstochter handelt, die von einer Hexe auf dem Glasberg gefangengehalten wird. Jeden Abend kommt sie aber mit ihren beiden Schwestern geflogen, um im See zu baden, aber ohne ihr Hemdchen kann sie nicht mehr zurückfliegen. Er gibt ihr das Hemdchen mit der Frage, wie er sie erlösen kann. Dazu müsse er auf den Glasberg steigen, aber das sei noch niemandem gelungen, sagt sie. Er hingegen erwiderte: «Was ich will, das kann ich, aber ich weiß den Weg nicht.» «Der Weg geht durch den großen Wald, in dem die Menschenfresser hausen», antwortet sie, «mehr darf ich dir nicht sagen.»

Nun folgt das Morgenerlebnis, das oben schon angesprochen wurde. Munter marschiert er in den Riesenwald, sieht dort auch bald einen schlafenden Riesen liegen und trommelt lustig drauf los, um ihn zu wecken. Die Gestalt des Trommlers scheint etwas mit dem menschlichen Ich zu tun zu haben, denn dieses ist es, das mit seiner frischen Initiativkraft jeden Morgen die unbewusst im Leibe (im finsteren Walde) lebenden Naturkräfte zu wachem Dasein aufruft. Hier haben wir nun die Konfrontation der einsam ihre Geisteswege suchenden Seele mit den gigantischen Kräften des Naturdaseins. Der Riese bedroht ihn, möchte es dann aber doch lieber nicht auf eine Kontroverse ankommen lassen. So fragt er den Trommler, was er für ihn tun kann, und der Trommler begehrt, dass er ihn zum Glasberg trägt. Nun geschieht, was jeden Morgen stattfindet: Der Riese ergreift den Trommler und trägt ihn, so wie unser geistiger Teil vom physischen durch den Tag getragen wird. Dabei wechseln drei Riesen sich ab: der erste setzt ihn auf seine Schulter, der zweite steckt ihn ins Knopfloch, der dritte lässt ihn auf der Krempe seines Hutes herumspazieren. Bei diesem Teil des Märchens will ich es bewenden lassen, da er für unser Thema relevant ist. Er schildert die täglich stattfindende Auseinandersetzung des Menschen mit den Naturkräften, die uns zwar unbewusst bleibt, aber gewaltiger ist als die äußeren Naturkatastrophen, mit denen der Mensch immer wieder konfrontiert wird.

Die skandinavischen Trolle können nicht einfach mit den Riesen gleichgesetzt werden. Zu ihrem Wesen gehört nicht nur die ungezähmte Kraft, sondern auch die Finsternis. Sie hausen im dunklen Wald, in Höhlen oder in Felsen. Wenn die Sonne aufgeht, platzen sie. Dieses Morgenerlebnis ist schön geschildert in dem norwegischen Märchen *Der Herr Peter.*[100]

Trolle werden beschrieben mit langen, struppigen Haaren, einem Schwanz und einer ellenlangen Nase, es können auch mehrere sein, oder auch mehrere Köpfe, wie es auch oft von den Drachen erzählt wird. Mit den Nasen schnüffeln sie herum – je mehr Nasen sie haben, desto mehr können sie schnüffeln: es sind Instinktwesen. Sie fressen jeden Christenmenschen. Die Dumpfheit der Materie droht alles Menschliche, d.h. alles Christliche auszulöschen. Ihre Gestalt geht also mehr ins Tierische als bei den Riesen.

Es kann eine Geschichte beispielsweise so verlaufen: «Ein Königssohn ritt hinaus in den Wald. Er ritt lange Zeit und kam schließlich an eine steile Felswand. Irgendwie fand er eine Türe und ging hinein. Da war eine wunderschöne Prinzessin, die freute sich, als sie ihn sah, aber dann sagte sie: ‹Es ist am besten, wenn du gleich wieder gehst. Hier wohnt ein schrecklicher Troll mit drei Köpfen, wenn der dich sieht, wird er dir sofort den Kopf abreißen und dich auffressen.› Der Königssohn wollte aber durchaus nicht gehen. Da sagte die Prinzessin, er solle einmal versuchen, ob er das Schwert schwingen könne, das an der Wand hing. Aber er konnte es nicht schwingen, nicht einmal heben. ‹Ja›, sagte die Prinzessin, ‹da musst du einen Schluck aus der Flasche nehmen, die daneben hängt, denn das tut der Troll immer, wenn er das Schwert gebrauchen will.› Er nahm einen Schluck und gleich konnte er das Schwert schwingen, als wäre es nichts. Da kam der Troll auch schon herangesaust und streckte seine Köpfe zur Türe herein. ‹Hu, hier riecht es nach Christenblut›, schrie er. ‹Ja, das sollst du gleich merken›, sagte der Königssohn und schlug ihm mit einem Schlag sämtliche Köpfe ab.»

Dies und Ähnliches wird wieder und wieder in norwegischen Märchen erzählt. Es handelt sich offenbar um ein Urerlebnis des Nordländers. Die Prinzessin Menschenseele ist an den Leib gebunden, gefangen von Naturgewalten. Sie wartet auf ihren Befreier. Was dieser mitbringt, ist sein Mut. Die Kraft holt er aus der gleichen Quelle, aus der auch der Troll die seine immer wieder erneuern muss.

Der Vorgang kann auch umgekehrt sein. In dem Märchen *Sorge und Leid*[101] geht eine Prinzessin mit ihrer Magd auf eine lange Suchwanderung, um ihren Liebsten aus der Gewalt der Trollfrau vom Goldenen Wald zu befreien. Dreimal verbringen sie die Nacht im Inneren eines Felsens bei den Trollen und bekommen für den nächsten Tag für die Weiterreise von einem der Trolle sein «Siebenmeilenwams» geliehen. Warum erweist er sich so hilfreich, nachdem auch er bei seiner Heimkehr zunächst mit all seinen neun Nasen herumschnüffelte und brüllte: «Ich rieche, rieche Christenfleisch.» Es ist deshalb, weil seine Frau ihm erzählt hat, dass die Mädchen ihr ein wunderbares Geschenk mitgebracht hatten – nämlich ein Gewebe; beim ersten Mal eine Elle Drillich, dann eine Elle Zwillich und schließlich eine Elle feine Leinwand. Das Weben ist ein Bild der ordnenden Denkkraft des Menschen, und danach sehnen sich die Trolle. Der reine Wille als geballte Trollkraft in der Finsternis der Materie ist chaotisch. Die Trollfrauen sind glücklich und dankbar für ein von Menschenhand erzeugtes Gewebe.

Und wie gelingt es den beiden Mädchen nun, den Königssohn aus der Gewalt der Trollhexe, fern im Goldenen Wald zu befreien? Die Bedingung war, dass sie sich auf dem ganzen Weg nicht ausruhen, ja, nicht einmal die Knie zum Sitzen biegen, weil sie dann immer in der Nacht so weit zurückgekommen wären, wie sie am Tag gegangen waren. Das bedeutet, dass es sich hier um eine ausgesprochene Bewusstseinsprüfung handelt. Zu Tode erschöpft kommen sie schließlich zur Hütte der Trollfrau. Diese ist umgeben von einem Abfallhaufen, durch den sie stapfen müssen, und rußig schwarzen Bäumen. Das Bild erinnert an unsere sterbenden Wälder und Müllhaufen. Auch hier herrscht Chaos. Die Trollhexe lässt sie zwar hinein und befolgt die Regeln der Gastlichkeit, wozu es auch gehört, dem Gast Essen anzubieten. Aber sie bekommen Milch aus einem Sautrog mit Schmutz und Haarwischen, verschimmeltes Brot, von Mäusen angeknabberten Käse, stinkendes Fleisch und das alles mit zwei schmutzigen Mäuseschwänzen garniert. Sie nehmen aber von allem ein bisschen und sprechen sogar den üblichen Dank. Zu dem Zweck treten sie auch zu einem alten Mann, der in einem Bett in der Ecke liegt. Daraufhin erhebt sich dieser und verwandelt sich in den gesuchten Königssohn – und damit kommt alles zu dem gewünschten Ende.

Hier wird kein Troll totgeschlagen, sondern Ertragsamkeit und ausdauernder Wille brechen die Trollkraft. Kontinuierliche Wachheit und Überwindung des Ekels sind gefragt. Schmerzvolle Wachheit durchleuchtet die chaotische Trollwelt. Am Ende verwandelt sich die Trollfrau in Stein und die Kehrichthaufen und die schmierigen schwarzen Bäume werden zum «Goldenen Wald».

Wesen in Wasser und Luft

Der Fluss als Grenze

Die Welt der Gnomen, Riesen und Trolle sind die Steine, Felsen, Höhlen, Berge, also die Welt des Festen. Im Wässrigen hingegen verliert man den Boden unter den Füßen. Hier kommt man in einen anderen Bereich, es gilt, eine Grenze zu überschreiten. In Goethes Märchen ist der Fluss als Grenze überhaupt das zentrale Motiv. Jenseits des Flusses findet der Jüngling «die schöne Lilie». Aber auch im Volksmärchen haben wir Grenzflüsse. Im russischen Märchen vom *Wasser des Lebens*[102] wird dem Helden klipp und klar mitgeteilt, dass es zwar hinter dreimal neun Ländern das dreimal zehnte Königreich gibt, wo eine schöne Jungfrau wohnt, von deren Händen und Füßen heilendes Wasser fließt, «aber du wirst nicht dorthin gelangen». Auf die Frage nach dem Warum wird geantwortet: «weil auf dem Wege dorthin drei breite Ströme fließen, drei Fähren fahren. Auf der ersten wird man dir die rechte Hand abschlagen, auf der zweiten den linken Fuß, auf der dritten den Kopf.» Die beiden älteren Brüder kehren vernünftigerweise bei dieser Mitteilung um. Der Dritte hingegen hat eine schlagende Antwort: «Ein Kopf weniger macht mich nicht arm. Ich reite, wie es Gott gibt.» Als dann die Fährleute Hand, Fuß und Kopf begehren, d. h. dass sie sein Handeln und Wandeln behindern und ihn kopflos machen wollen, erschlägt er sie kurzerhand. «Meinen Kopf brauche ich selber.» Und so kann er schließlich für seinen alten, kranken Vater das Wasser des Lebens aus der anderen Welt holen. Wenn man Zugang zum Reich des Lebens, zur ätherischen Welt findet, kann man etwas gegen die Krankheit und Überalterung der Welt tun. In diesem Märchen lernen wir schon zwei ganz verschiedene Qualitäten des Wässrigen kennen. das Begrenzende und das Heilende.

Die Wassermutter

Andere Bilder finden wir im Märchen von der *Frau Holle.*[103] Hier muss die «Goldmarie» eine Grenze überwinden, die ebenso tödlich sein könnte wie in der vorigen Geschichte. Sie muss in einen Brunnen springen. Dies aber ist kein Brunnen ohne Wasser wie bei den «Erdmänneken», sie hat ja vorher noch ihre Spule darin abgewaschen. Und unten ist sie nicht in einem Schacht, sondern in einer anderen Welt, auf einer schönen grünen Wiese, wo alles bunt und voller Blumen ist. In der realen Welt ist so etwas nicht möglich – sie verlässt durch ihren Sprung die Raumeswelt. Das zeigt sich auch später wieder, als sie bei der Frau Holle Betten schütteln muss, denn «dann schneit es auf der Erde». Sie ist nach unten gesprungen und in ein Reich gekommen, das über dem Irdischen liegt.

Man mag sich erinnern an den Weg zu den «Müttern» in Goethes *Faust*:

«Versinke denn. Ich könnt' auch sagen: steige!
's ist einerlei. Entfliehe dem Entstandnen,
In der Gebilde losgebundne Reiche!
Ergetze dich am längst nicht mehr Vorhandnen; ...»

Wir haben in *Frau Holle* ein Märchen, in dem zwei Welten in Einklang gebracht werden, zwei Bewusstseinsebenen. Es ist interessant, dass wir für das Einschlafen den Ausdruck benutzen: «in Schlaf fallen» – dann schlafen wir «tief». Hätten wir dabei ein Wachbewusstsein, so würden wir uns in einer Welt des Sprießenden, Sprossenden finden, einer höheren, «übersinnlichen» Welt. Dort gibt es keinen Raum: Oben ist Unten und Unten Oben. Beim Schlaf bleiben wir dort bewusstlos, bis uns die Sehnsucht «hinauf zur Erde» überkommt und bis «der Hahn kräht». Davon erzählt unser Märchen.

Die erste Probe, die das Mädchen durch das Springen in den Brunnen bestehen muss, ist zweifellos eine Mutprobe. Die nächste Tugend, in der sie sich – im Gegensatz zu ihrer Schwester – bewährt, wird in Märchen öfters hervorgehoben, und zwar speziell bei Mädchen: der Fleiß. Da geht es aber sicher nicht primär darum, eine gute Hausfrau zu sein, sondern um die Aufmerksamkeit, das Interesse an der Umwelt, die lebendige Regsamkeit. Das Mädchen holt die Brote aus dem Ofen, schüttelt den Apfelbaum, und zwar nicht, weil man es ihr befohlen hat. Sie sieht einfach den Dingen an, was notwendig ist, und richtet ihre Handlungen entsprechend ein. So verwirklicht sie «das Mitleben mit der Welt» im schönsten Sinne. Und dadurch kommt sie zu der Herrin dieser Welt unter dem Wasser, Frau Holle.

Wer ist die Frau Holle? – Hier haben wir wieder einmal eine Schnittstelle von Sage und Märchen. Frau Holle (die Holde, Gnädige) war in gewissen Teilen Deutschlands, vor allem in Thüringen, Hessen und Franken, jahrhundertelang eine bekannte Gestalt. Ursprünglich eine Fruchtbarkeitsgöttin, «sah» man sie an Seen und Brunnen sitzen und ihr langes goldenes Haar kämmen. Bei den Brüdern Grimm ist sie aber alt, hässlich und hat große Zähne. Vergleicht man damit andere Fassungen des Frau-Holle-Märchens, so wird die Gestalt, die ihr entspricht, außerordentlich verschieden beschrieben. Das geht von Brunnenfrau, Nixe, weiße Frau, alte Frau bis zu Trollhexe oder altem Mann. Hier ist der Hinweis von Rudolf Steiner weiterführend, dass seelisch-geistige Gestalten, die auf einer gewissen Stufe stehenbleiben, sich im Laufe der Zeit verändern: sie verkommen und werden zu Karikaturen ihrer ursprünglichen Gestalt. «Ja, es ist ein Gesetz der geistigen Welt, dass dasjenige, was auf der geistigen oder seelischen Stufe stehenbleibt, immer mehr in die Dekadenz kommt.»[104] Dieses Gesetz hängt mit der Änderung des menschlichen Bewusstseins zusammen. Aus Göttern werden mit der Zeit Gespenster. Man kann das Jenseitige nur noch als schreckenerregend und bedrohlich erleben. Daraus wird verständlich, dass Volkssagen so häufig etwas Unheimliches haben. Sie entstammen einer späteren Bewusstseinsstufe als die Märchen.

Frau Holle ist eine Brunnenfrau, sie regiert in einem außerräumlichen Reich, das wir wohl das ätherische nennen können. Der Rückweg von dort in die irdische Welt geht durch ein Tor, von dem wir vorher noch nichts gehört haben. Die Frau Holle hat die Macht, dem, der es durchschreitet, Gold oder Pech mit auf den Weg zu geben. Es ist naheliegend, darin ein Motiv der Wiederverkörperung zu sehen. Denn ob wir Glück oder Pech mit ins Leben bringen, hängt durchaus von unserem Verhalten in einem früheren Seinszustand ab. Die Bilder dieses Märchens wiederholt auf sich wirken zu lassen, kann hilfreich dazu sein, Zugang zu diesem Gedanken zu bekommen.

Die Verführende

Die Frau Holle ist eine Wasserfrau. Man kann sie auch Wassermutter nennen, denn es gibt die Sage, dass sie die früh verstorbenen Kindlein um sich schart. Eine ganz andere Qualität des Weiblichen verbildlicht die Wassernixe, nämlich das Liebliche, Verführerische. Auch zu ihr führt der Weg von oben nach unten, aber nicht durch einen mutigen Sprung, sondern mehr durch etwas Saugendes, Ziehendes – eher so, wie es Goethe in seiner Ballade *Der Fischer* schildert:

«Sie sprach zu ihm, sie sang zu ihm,
da war's um ihn geschehn:
Halb zog sie ihn, halb sank er hin
und ward nicht mehr gesehn.»

Für die Nixe ist charakteristisch, dass sie einzeln auftritt. Das eintönige Rieseln und Plätschern eines Baches kann uns leicht in den Nixenbereich, in das Traumreich des Wässrigen entführen. Im Traum versinkt man in eine wohlige Tiefenregion, schließt sich ab von seinen Mitmenschen. Dies hängt mit allen wässrigen Vorgängen im Organischen, der Drüsentätigkeit, der Geschlechtlichkeit, der Ernährung und Verdauung zusammen. Daher das seltsame Bild, das man oft auf romanischen Kapitälen findet: eine Nixe, die ihr Junges säugt. Es liegt im Wesen des Wassers, dass es zerrinnt, dass kein Bleiben möglich ist. Die Wassernixen haben mit dem Teil der Seele zu tun, der an das Organische gebunden ist, der sexuellen Seite der Liebe. Nach oben grenzt das Element des Wassers an die Luft. Eine feine Haut bildet die Wasseroberfläche. Diese schließt aber nicht nur ab, ist keine feste Schale, sondern sie ist sehr zart und beweglich wie die menschliche Haut, welche nicht nur abschließt, sondern zugleich Empfindungsorgan ist. Die körperliche Sensibilität erweckt die seelische Empfindungsfähigkeit. In diesem Verfeinerungsprozess sind auch die Nixen wirksam. In Rudolf Steiners erstem Mysteriendrama *Der Seelen Erwachen* finden sich die Worte:

«Der Nixen Wechselkräfte,
sie mögen öffnen
der Seele Reizbarkeit.»

Diese Reizbarkeit ist die Grundlage unseres gesamten Seelenlebens. Ohne sie könnten wir in keine sinnliche Verbindung zur Welt kommen und auch die Dinge untereinander nicht in Beziehung bringen. Nixenkraft lebt also auch in der Fähigkeit, Zusammenhänge zu finden, im Gedankenfluss zu leben, Metamorphosen wahrzunehmen.

In dem Grimm'schen Märchen *Die Nixe im Teich*[105] spendet die Nixe dem Müller, der unverschuldet in Armut geraten ist, zwar Reichtum, sie zieht dafür aber seinen Sohn (seine zukünftige Entwicklung) in die Tiefe. Hier ist nun sehr schön dargestellt, wie dieser Sohn durch die Frau, die ihn liebt, stufenweise wieder aus dem Wasser emporgehoben, d.h. aus der Gewalt der Nixe befreit wird. Zuerst, als sie sich die Haare mit einem goldenen Kamm kämmt und diesen dann der Nixe schenkt, taucht sein Haupt aus dem Wasser auf, dann der halbe Leib, als sie auf einer goldenen Flöte spielt, und schließlich der ganze Mensch durch das Spinnen auf einem goldenen Spinnrad. Alle drei Systeme des Menschen müssen von Weisheit durchdrungen werden, golden erglänzen. Über einen Menschen, der im Haupt, durch den Atem und durch die Glieder aktive Eigentätigkeit entfaltet, hat die Nixe keine Gewalt mehr.

Sich in das Rauschen eines Wasserfalls oder des Meeres, das Plätschern des Regens, das Fließen eines Flusses zu versenken, ist eine sehr gute Übung, um sich in das hineinzuversetzen, was die Welt des Lebendigen oder die ätherische Welt ist.

Ein häufiges Märchenmotiv ist «das Königreich unter dem Wasser». Um dorthin zu gelangen, ist eine Grenzüberschreitung notwendig. Die feste Erde ist die Welt, die dem Menschen gemäß ist, in einer reinen Wasserwelt kann er nicht existieren. Aus der griechischen Mythologie kennen wir den Lethefluss; diesen muss jeder Verstorbene überqueren und es gibt kein Zurück. Anders ist es bei dem Weg in die geistige Welt, bei der Einweihung und auch allabendlich beim Einschlafen. Rudolf Steiner verwendet für die geistige bzw. ätherische Welt häufig das Bild des Meeres, besonders oft in Meditationssprüchen. Ein Beispiel aus dem sogenannten *Grundsteinspruch*:

«Menschenseele,
du lebest in den Gliedern,
die dich durch die Raumeswelt
in das Geistesmeereswesen tragen.»

Wenn wir den Moment des Einschlafens bewusst erleben würden – so Rudolf Steiner –, würden wir sehr erschrecken, denn es ist ein kleines Todeserlebnis.[106] Andererseits haben wir in der Traumwelt ein Abbild des Tageslebens.

Schwanenjungfrauen

Ein elementarisches Zwischenwesen zwischen Wasser und Luft, das in den Märchen fast aller Völker vorkommt, ist die Schwanenjungfrau. Eigentlich als Vogel dem Luftelement zugehörig, berührt sie das Wasser nur an der Oberfläche, kann aber auch eintauchen wie die Wasservögel. In Bulgarien heißen solche Mischwesen «Samodiven». Da gibt es die Erzählung von einem jungen Hirten, der drei Samodiven beim Baden beobachtete und eine davon an sich band, indem er ihr Flügelkleid raubte: *Eine Samodiva versorgt weder Haus noch Kind.*[107]

Er vertauschte es mit einem Kleid seiner Mutter. Auf diese Art blieb die schöne Frau bei ihm. «Nachdem sie zu der Schwiegermutter gekommen war, begann sie sich zu regen und aufzuräumen, und das ganze Haus leuchtete von ihr. Da freuten sich die Schwiegermutter und ihr Sohn, und Glücklichere als sie gab es nicht.» Aber natürlich geschieht es doch eines Tages, dass sie ihr Kleid wiederbekommt und davonfliegt. Er ruft ihr nach: «Komm zurück. Denk an unser Kind. Tut es dir nicht leid um uns?» Sie erwidert: «Habe ich dir nicht gesagt, eine Samodiva versorgt nicht Haus noch Kind. Sei nicht böse und such dir eine andere Frau. Ich werde kommen und nach dem Kind sehen. Lasse mir jeden Samstag einen frischen Brotlaib und eine Schale mit Honig, denn solange ich davon esse, wirst du wissen, dass ich lebe. Sobald ich aber den Brotlaib und den Honig nicht mehr esse, wirst du wissen, dass ich gestorben bin, und du sollst nicht traurig sein.» ... Ihr Mann heiratete kein zweites Mal, weil er keine schönere Frau, als sie es war, finden konnte.

Dies Märchen ist eine große Ausnahme, denn es hat kein «happy end». Bei den meisten Schwanenjungfrau-Märchen verläuft der erste Teil genauso wie hier, aber dann wird eine zweite Episode angeschlossen, in der der Mann auf eine Suchwanderung geht und seine Frau wiederfindet.

So ist es beispielsweise in dem Märchen *Der Jäger und die Schwanenjungfrau.*[108] Dort gibt es einen Jäger, der hinter einem Reh herjagt: «Auf einmal sah er einen großen spiegelhellen See vor sich, darin die Fische lustig aufhüpften, als ob ihr Sonntag wär. Der junge Jäger schaute sich verwundert um, denn er entsann sich nicht, auf all seinen Streifereien je den See gefunden zu haben. Wie er noch dastand, kamen drei schneeweiße Schwäne geflogen und ließen sich am Ufer nieder. Dann sah der Jäger plötzlich statt ihrer drei Jungfrauen in den See gehen und darin baden, und die waren so wunderschön, dass er schier erschrak vor dem Anblick. Nach einer Weile kamen sie wieder aus dem Wasser und flogen als Schwäne fort.» Das Bild der

Schwanenjungfrau ist von einem ganz besonderen Zauber durchwoben. Sie stammt nicht aus dem Irdischen, sondern aus einem ganz anderen Erlebnisbereich. Der junge Jäger hat den See vorher noch nie gesehen, dabei kennt er den Wald sehr genau. Er kommt wieder und beobachtet die Mädchen, besonders die Jüngste, denn diese war die lieblichste und schönste von allen. Sie warf ihr Hemdchen ab von ihrem weißen Leib und ging ins Wasser. Es geht nun darum, dieses Hemdchen zu ergreifen und festzuhalten. Das tut auch der junge Jäger und so gewinnt er die schöne Frau. Sie lieben und vermählen sich und bekommen mehrere Kinder.

Aber als die Mutter des Jägers einmal versehentlich das Schwanenkleid aus der Truhe nimmt, in der er es verborgen hat, ergreift die junge Frau es, wirft es über und fliegt davon mit den Worten: «Wer mich wiedersehen will, muss in den gläsernen Berg kommen, der auf einem blanken Felde steht. Ich bin eine verwünschte Prinzessin und muss dahin zurück.» In diesem Märchen beginnt nun eine lange, mühsame Suchwanderung, auf der der Jäger seine Frau endlich findet. Aber um sie zu erlösen, muss er erst einen zwölfköpfigen Drachen besiegen. Das Schwanenjungfrau-Erlebnis ist nicht wie das mit der Nixe: «Es zieht mich etwas in sein Element hinein», sondern eher: «Es entgleitet mir etwas, und zwar etwas, was tiefe Liebe in mir entfacht hat.»

In dem Märchen *Der Zarensohn und das Schwanenmädchen*[109] muss der Zarensohn seine geliebte Schwanenfrau nicht in, sondern auf dem Glasberg suchen. Dort findet er ein altes Weib, das ihm sagt: «Ich habe hier dreihundert Schwanenmädchen, die alle gleich aussehen. Wenn du deine Frau herausfindest, kannst du sie mitnehmen.» Die Mädchen stellen sich nun alle in eine Reihe, und er ist vollkommen ratlos, bis er bemerkt, dass ihm eine ein heimliches Zeichen macht, sodass er sie erkennen kann. Das Interessante ist, dass dieses Wesen, obwohl es ihm entflohen ist, ihn dennoch liebt und bei ihm sein möchte. Das heißt: Es ist nicht leicht, zu einem Naturwesen in eine seelische Beziehung zu kommen, ist sie aber vorhanden, beruht sie auf Gegenseitigkeit.

Rudolf Steiner charakterisiert die Sylphen als «Träger des Liebeselementes im Kosmos». Man könnte als ein solches sicher auch die Schwanenjungfrau sehen, wenn sie auch nicht mit der Sylphe, die ein reines Luftwesen ist, identisch ist. Es handelt sich hier um eine sehr geistige Liebe oder auch die Liebe zum Geiste. Das Schwanenjungfrau-Erlebnis ist das Erlebnis einer Geistberührung. Wie ein Windhauch kommt und verschwindet es. Seine Hülle können wir vielleicht ergreifen, damit machen wir aber das Wesen irdisch. Um uns dauerhaft mit ihm zu verbinden, müssen wir uns in seine Sphäre erheben.

Man hat in alter Zeit das Wesen der Elemente vor allem innerlich erlebt: die Erde durch den physischen Leib, das Wasser durch das Ätherische als dem inneren Flüssigkeitsmenschen, die Luft im astralischen Leib durch Denken, Fühlen und Wollen. Die Wärme oder das Feuer ist eine Ich-Qualität. Und da in alter Zeit der Mensch zwar eine Ich-Empfindung, nicht aber ein eigentliches Ich-Erlebnis hatte, gibt es in den Märchen keine Erzählungen von Feuerwesen, ja diese haben in der Volksüberlieferung am wenigsten einen Bildausdruck gefunden, während sich am deutlichsten das Bild der Zwerge und Riesen herausgebildet hat.

Von der Blumenkönigin

Wenn die Novemberstürme die Blätter von den Bäumen gefegt haben und sie uns noch eine Zeitlang als bunter, raschelnder Teppich zu Füßen liegen, verlieren sie die Farbe, werden braun und unansehnlich. Auch die krautigen Pflanzen, die uns so lange mit der Vielfalt ihrer Formen, der Farbigkeit ihrer Blüten erfreut haben, welken ab und sinken hin. Ihre Säfte strömen zurück in den Wurzelbereich. Ihre Gestalt löst sich auf, wird eins mit dem Erdboden.

Parallel dazu aber geschieht noch etwas anderes. Eine unvorstellbare Fülle von Samen rieselt, schwebt, fällt zur Erde. Von diesem Vorgang nehmen wir allerdings gewöhnlich nur den Anfang wahr. Denn die Samen verschwinden wegen ihrer Kleinheit noch viel rascher als die Blätter. Wir sehen sie nicht mehr.

Und nun findet, für unsere sinnliche Wahrnehmung unsichtbar, eine geheimnisvolle Befruchtung der Erde statt. Wir wissen, dass jedes Samenkorn mit einer potentiellen, einer unsichtbaren Pflanze verbunden ist, dem Bild oder der Idee der Pflanze, die im Frühling beginnt, sich in der sinnlichen Welt zu verwirklichen. Im mütterlichen Schoß der Erde konzentriert sich im Winter also nicht nur die Fülle und Keimkraft für das nächste Jahr, sondern diese enthält ganz bestimmte Pflanzenbilder, bereit, sich zu entfalten, wenn die Zeit dafür gekommen ist.

In der griechischen Mythologie sah man die Erdenmutter im Bilde der Demeter. Von dieser wird in einer orphischen Hymne erzählt, dass sie in einer Höhle, von der sogar der Ort in Sizilien angegeben wird, ihre Tochter Persephone verbarg. Dort saß die Jungfrau an einem Webstuhl und webte für ihre Mutter einen Mantel, in den sie kunstvoll die Taten der Götter, die Bilder aller Kreatur, hineinwirkte. Die Mutter schritt dann im Frühling mit diesem Mantel über die Erde, Fruchtbarkeit verbreitend.

Der Sommer ist die Zeit, wo diese Bilder sich in der Außenwelt verwirklichen.

Eine spätere Geschichte von Persephone berichtet, wie sie auf dem nysäischen Gefilde am Meeresufer wandelte und Blumen pflückte. Plötzlich tat sich der Erdboden auf, aus dem Abgrund sprang Hades, der Gott der Unterwelt, ergriff die Widerstrebende und entführte sie in seinem goldenen Wagen mit den unsterblichen Rossen in sein finsteres Reich unter der Erde, wo er sich mit ihr vermählte. Seither ist Persephone die Göttin des Todes und der Unterwelt. Auf das inständige Bitten der Mutter hin, wird Persephone erlaubt, zwei Drittel des Jahres – während der Sommerzeit – zu ihr in die obere Welt zurückzukehren und nur den Winter mit ihrem Gemahl zu verbringen. So repräsentiert sie Tod und Auferstehung der Natur in rhythmischem Wechsel, das Urbild des Jahreslaufs. Dieser Mythos von Demeter und Persephone wurde in den Mysterien von Eleusis zelebriert.

In dem Vortrag über das rosenkreuzerische Weistum in der Märchendichtung bringt Rudolf Steiner als Beispiel ein Märchen mit dem Titel *Die Tochter der Blumenkönigin.*[110]

Beim Betrachten der Blumenkönigin und ihrer Tochter liegt das Bild von Demeter und Persephone nahe, besonders wenn wir hören, dass diese Tochter von einem wilden Drachen geraubt worden ist – wobei man allerdings nicht den Drachen mit dem Todesgott Hades gleichsetzen darf. Hades ist eine Weltenkraft, der Drache etwas Innerseelisches, das niedere Selbst, das unbewusste Tier im Menschen, das die elementarischen Wesen der Natur in sich aufsaugt. Man kann auch sagen: der materialistische Blick des Menschen in die Naturreiche.[111]

Das erwähnte Märchen handelt von einem Königssohn, der in die Welt hinauszieht und hört, wie es aus einem Graben heraus wimmert. Er folgt dem Wimmern und findet eine alte Frau, die dort hineingestürzt ist und der er heraushilft. Er merkt bald, dass es sich um eine besondere alte Frau handelt, denn sie spricht zu ihm: «Du bist, obwohl du von hoher Geburt bist, ein guter und hilfreicher Mensch. Deshalb sollst du auch von mir eine Belohnung erhalten. Willst du die Tochter der Blumenkönigin heiraten?» Ja, das wollte er. «Ich kann dir dazu verhelfen», sagte sie, und dann gab sie ihm ein Glöckchen: «Wenn du mit diesem Glöckchen einmal läuten wirst, so wird der Adlerkönig zu dir kommen, wenn du zweimal läutest, der Fuchskönig und bei dreimaligem Läuten der Fischkönig. Diese werden dir auf deinem Wege helfen.» Er macht sich nun auf den Weg und erfährt bald, dass er durchaus Hilfe nötig haben wird, weil die Tochter der Blumenkönigin vom Drachen geraubt worden ist, ja, es ist sogar eine ganze Drachenbrut, in die er gerät.

Nachdem er einen weiten Weg zurückgelegt hat, kommt er zu dem Berg, auf dem die Blumenkönigin wohnt. Der Berg wird aber von Drachen bewacht. Auf dem nächsten Berg aber wohnt die Drachenmutter, bei der er sich zum Pferdehüten verdingt, was ihm nur gelingt, indem er mit Hilfe seines Glöckchens jeweils einen der Tierkönige herbeiruft. Immer, wenn er die Stute, die er zu hüten hat, abends in den Stall zurückbringt, darf er nachts auf dem Drachenball tanzen, wohin auch die Tochter der Blumenkönigin kommt. Das bedeutet, seine Beziehung zu ihr ist zunächst eine nächtliche. Er bekommt dazu zuerst einen kupfernen Mantel, dann einen silbernen und als Drittes einen goldenen. Auf dem Füllen, das er als Lohn für seine Dienste erhält, kann er schließlich zusammen mit der Tochter der Blumenkönigin ins Schloss ihrer Mutter entfliehen.

In diesem Märchen kommt eine Gestalt vor, die es im Vorbild der griechischen Mythe nicht gibt: ein menschliches Wesen, der Königssohn. Wenn wir annehmen, wie oben bemerkt wurde, dass der Raub durch die Drachen nur durch die menschliche materialistische Gesinnung zustande kommen konnte, dann muss auch die Erlösung durch menschliche Aktivität stattfinden.

Der Königssohn vermählt sich mit der schönen Tochter der Blumenkönigin. Die Mutter knüpft aber ihre Einwilligung an eine Bedingung: Nur im Sommer soll ihre Tochter mit ihrem Gemahl in der oberirdischen Welt weilen, im Winter aber ihrer Mutter in den Reichen unter der Erde Gesellschaft leisten. Das ist eine Art Umstülpung des Demeter-Mythos, wo die Mutter gerade im Sommer zusammen mit ihrer Tochter die äußere Natur gestaltet. Hier im Märchen wirkt die Tochter im Winter mit ihrer Mutter am unterirdischen Samen- und Keimzustand der Erde, während der Mensch, der Königssohn, im Winterfrost die Schönheit der Erscheinungswelt entbehren muss, bis sie im Frühling aufs Neue hervortritt und er sich wieder mit ihr verbinden kann.

Angst und Mut im Volksmärchen

Märchen sind keine Biografien, sie berichten nicht von individuellen Schicksalsverläufen. Sie zeigen Urgebärden des menschlichen Seelenlebens auf, und dazu gehört auch die Angst und ihr Gegenteil, der Mut. Die Angst ist ein sehr ursprünglicher Trieb. Schon als Kinder haben wir uns damit auseinanderzusetzen und erfinden uns selber Mutproben: in den dunklen Keller gehen, von der hohen Mauer springen usw.

Wovor fürchten wir uns denn? Vor der Dunkelheit, vor dem Schmerz, der Verlassenheit, dem Versagen, kurz: vor all dem Ungewissen, Undurchschaubaren, das uns aus der Zukunft entgegenkommt. Vergangenes kann Schauder oder Mitleid erregen, aber keine Furcht, denn es ist bereits geschehen, ist Bild geworden.

Indem die Märchen die uns bedrohenden, furchterregenden Dinge ins Bild bringen, z. B. als Hexe, Wolf, Drache usw., und schildern, wie sie überwunden werden können, wird die Angst aus uns herausgesetzt. Man kann sie dann von außen anschauen – das wirkt heilend und entängstigend. Und solche Bilder, die man als Kind verinnerlicht und aufnimmt, verinnerlichen sich und verwandeln sich in Seelenkräfte des Erwachsenen.

Mutproben spielen im Märchen eine große Rolle. Der Aufbruch ins Ungewisse ist ein typischer Märchenanfang. Da verlässt der Held der Geschichte die vertraute Umgebung der Heimat – Vater und Mutter, Freunde und Verwandte – und geht in die Welt hinaus. Auch wenn drei Brüder gemeinsam losziehen, trennen sie sich über kurz oder lang. Es ist die Aufgabe des Lebens, den Menschen nach und nach aus den Bindungen zu lösen, sodass er ein Einzelner werden kann. Das ist eine Probe, die jedem zugemutet wird.

Auch Kindermärchen – ich meine solche, deren Helden Kinder sind – pflegen damit anzufangen, dass das Kind das Vaterhaus verlassen muss, weggeschickt wird wie Rotkäppchen, verstoßen wird wie Hänsel und Gretel, bedroht wird wie Schneewittchen, fliehen muss wie Brüderchen und Schwesterchen oder gar schon als Säugling ausgesetzt wird wie der Knabe in *Der Teufel mit den drei goldenen Haaren*. Da geht es dann zunächst ganz schlicht ums Überleben. Immer aber wird gezeigt, dass die Überwindung dieser Gefahren hohen Gewinn bringt.

Jugendliche Helden hingegen, ob männlich oder weiblich, brechen meist auf, weil sie selbst oder ein anderer ihnen ein Ziel gesetzt hat. Oft geht es darum, eine Braut zu gewinnen – natürlich die Schönste der Welt – oder den verlorenen Bräutigam wiederzufinden. Die Hochzeit ist dann das Ziel allen Strebens, weil die Verbindung des Gegensätzlichen zur Vollkommenheit führt. Zumeist ist damit auch die Erlangung der Königswürde verbunden.

Der Weg, den es einzuschlagen gilt, ist immer ein Wagnis. Der Held hat unerwartete Begegnungen, er muss Fragen beantworten wie z.B. in einigen russischen Märchen: «Kommst du freiwillig oder aus Zwang?» Wer den Weg nicht aus freiem Willen geht, wird das Ziel nicht erreichen.

Vielleicht kommt man auch zu einem Wegweiser, auf dem steht: «Rechts gehen – Essen und Trinken – Links gehen – Kopf verlieren.[112] Der nun rechts geht, kommt zu einer Hütte. «Darinnen war eine Jungfrau, die sagte: ‹Leg dich mit mir schlafen.› Er legte sich hin. Aber da stieß sie ihn und stieß ihn fort. Gott weiß wohin.» – So ist das eben im Märchen: Wer nur an Essen, Trinken und Beischlaf denkt, das heißt, ein gesichertes Einkommen und eine bürgerliche Existenz sucht, dessen Weg ist bald zu Ende.

In einem anderen russischen Märchen (*Das Wasser des Lebens*, das bereits in dem Kapitel über Wasser- und Luftwesen erwähnt wurde) besteht die Mutprobe des wandernden Königssohnes darin, drei Flüsse zu überqueren, an denen die Fährleute damit drohen, ihm Hand, Fuß und Kopf abzuschlagen. Er setzt seinen Weg fort, nachdem er die Fährleute erschlagen hat. «Wer etwas anfängt, muss es auch zu Ende führen.» Dieser Königssohn weiß, dass kein Fortschritt möglich ist, wenn man sich nur an das Berechenbare hält. Er ist so erfüllt von seiner Aufgabe, das Wasser des Lebens für seinen Vater zu gewinnen, dass er sich selbst und seine Gefährdung vergisst.

Das ist Heldentum im alten Sinne, wie es uns auch in den alten Rittergeschichten begegnet: Im rechten Moment entschlossen zuzuschlagen (schlagfertig zu sein). Wenn man angegriffen wird, soll man sich wehren. Nicht zu vergessen ist allerdings auch das, was der Königssohn seinen tollkühnen Taten hinzufügt. «Ich reite, wie es Gott gibt» und, wie bereits zitiert, «Wer etwas anfängt, muss es auch zu Ende führen». Das Bewusstsein von dem Schicksalswillen, der ihn auf den Weg gebracht hat und mit dem er sich ganz identifiziert hat, gibt ihm den Mut.

Betrachten wir ein anderes Beispiel: das norwegische Märchen *Die Jung-*

frau auf dem Glasberg.[113] Ein Bauer besaß eine Bergwiese, auf der jedes Jahr das schönste Gras wuchs. Aber jedes Jahr in der Johanninacht, kurz ehe er es mähen wollte, war die Wiese ratzekahl leer gefressen. Der Bauer hatte aber drei Söhne, und eines Tages schickte er den Ältesten vor Johanni auf die Wiese: Er sollte sich in den Heuschober, der sich dort befand, legen und auf das Gras aufpassen.

«Als es gegen Abend zuging, stieg der Junge hinauf zum Heuschober und legte sich schlafen. Aber in der Nacht kam ein solches Getöse und ein solches Erdbeben, das Wände und Dach durchschüttelte. Der Junge sprang auf die Füße und lief so schnell er konnte davon, nicht einmal umzusehen traute er sich. Und das Gras wurde abgefressen, in dieser Nacht wie in den Jahren vorher.»

Dem zweiten Bruder ging es nicht besser. Im Jahr darauf aber war der dritte, Askeladden, der Dummling, an der Reihe. Auch bei ihm begann es zu tosen und zu lärmen, dass ihm die Heuhalme um die Ohren flogen und er schließlich meinte, Wände und Dach brächen zusammen. Aber er verhielt sich ganz ruhig und dachte: «Wenn es nicht schlimmer wird, härtet es mich.» Da wurde es plötzlich wohltuend still, und es hörte sich so an, als ob vor der Türe ein Pferd kauen würde. Er schlich sich zum Türspalt, erblickte ein großes, prächtiges Pferd, daneben lagen Sattel, Zügel und eine kupferne Ritterrüstung. «Ha, bist du es, der unser Gras auffrisst, das werde ich dir verbieten», dachte der Junge und warf einen Feuerstein über das Tier. Es herrschte in Norwegen der Glaube, dass man auf diese Weise übersinnliche Erscheinungen bannen kann. Das Pferd war nun lammfromm, und er konnte es fortführen. In diesem Jahr wurde das Gras nicht gefressen. Der Junge fing nun im Lauf der Jahre drei Pferde ein und gewann zu der kupfernen Rüstung noch eine silberne und eine goldene. Mit dieser Ausstattung ritt er später auf den Glasberg und bekam die Königstochter zur Gemahlin.

Hier ist die Prüfungssituation ganz anders als im russischen Märchen. Es geht nicht darum, im entscheidenden Moment zuzuschlagen. Es braucht ebenso viel Mut, im Schreckmoment ruhig und gelassen zu bleiben. Dann kann sich, sozusagen hinter dem Schreck, eine tiefere Ebene des Erlebens offenbaren. Der Held erblickt etwas, das kein anderer sieht, und er erkennt dadurch, was an den sprießenden, sprossenden Wachstumskräften zehrt. Im Menschen sind es ja die Verstandeskräfte, die den Abbau bewirken. In diese Richtung dürfen wir auch hier denken, denn die Pferde, die der Junge gewann, vermochten es, ihn in klare und kristalline Höhen zu tragen, auf den «Glasberg» hinauf.

Bei einer anderen Variante dieses Märchens, *Der Ritt auf den Glasberg*,[114] hatte der Vater vor seinem Tode bestimmt, seine drei Söhne sollten nacheinander je eine Nacht an seinem offenen Sarg Wache halten. Nun, die beiden Ältesten trauten sich von vornherein nicht, sodass der Jüngste dreimal hintereinander wachen musste, und jedes Mal richtete sich der Vater um Mitternacht auf und gab ihm ein Pfeifchen. Mit diesen drei Pfeifchen konnte er drei Pferde herbeirufen, die ihn später auf den Glasberg trugen. – In dieser Version wird deutlich, dass es sich darum handelt, sich furchtlos den Todeskräften auszusetzen.

Wieder anders verläuft die Prüfung im Grimm'schen Märchen *Die drei Federn*.[115] Dort wird von einem alten König erzählt, der sich unter seinen drei Söhnen einen zum Nachfolger wählen wollte. So gab er ihnen nacheinander drei Aufgaben. Dreimal mussten sie in die Welt ziehen und zuerst den schönsten Teppich, dann den schönsten Ring und schließlich die schönste Frau heimbringen. Um ihnen eine Richtung zu geben, blies der König drei Federn in die Luft. Die erste flog nach Osten, die zweite nach Westen, und in diese Richtungen zogen nun die beiden Älteren. Die dritte Feder aber flog nur eine kurze Strecke und fiel dann gleich zur Erde. Was sollte der arme Jüngste machen? In der Grimm'schen Urfassung wird erzählt, dass er sich auf einen Stein setzte und in seiner Ratlosigkeit anfing zu weinen. Er weinte und schluchzte immer mehr und wiegte sich dabei hin und her, sodass schließlich der Stein, auf dem er saß, umkippte und eine Öffnung mit einer Treppe freigab, wo er hinabsteigen konnte und durch ein geheimnisvolles Erdwesen, die «Itsche», dreimal das Begehrte erhielt.

«Man kann sein Leben nicht verlängern noch verbreitern, nur vertiefen» (Gorch Fock). Und die Tiefe enthält oft mehr, als man in der Weite gewinnen kann. Auch dies ist eine Märchenweisheit. Die Märchenhelden sind nicht nur solche der Kraft und der Stärke, sondern auch der Ohnmacht und des Versagens. Es geschieht gar nicht selten, dass sie an eine Grenze stoßen, an der sie absolut rat- und hilflos sind und in Tränen ausbrechen. Halten sie aber durch und verharren an diesem Nullpunkt, so trifft immer unverhoffte Hilfe ein.

Ich möchte dazu noch ein Beispiel aus dem Grimm'schen Märchen *Der Trommler*[116] (KHM 193) bringen, dessen Auseinandersetzung mit den Riesen bereits im Kapitel über die Riesen geschildert wurde. Da haben wir einen Helden, der sich von vornherein furchtlos zeigt. Der Prinzessin, die auf den Glasberg verwünscht ist, verspricht er sofort, sie mit den Worten zu erlösen: «Was ich will, das kann ich. Ich habe Mitleid mit dir und ich fürchte mich vor nichts.» Munter marschiert er daraufhin in den morgendlichen Riesenwald. Seine Auseinandersetzung mit den Riesen wurde bereits geschildert. Er gewinnt sie als Helfer. – So gelangt er schließlich auf den Glasberg und findet die Prinzessin; aber nun gilt es, sie aus der Gewalt der Hexe zu befreien, die sie verwünscht hat. Die Hexe gibt ihm drei Arbeiten auf. «Warum nicht», sagt er, «ich scheue keine Arbeit, und wenn sie noch so schwer ist.»

Am ersten Tag soll er mit einem Fingerhut einen Teich ausschöpfen, am zweiten einen ganzen Wald fällen und das Holz zerkleinern, am dritten das Holz zusammentragen und ein großes Feuer entzünden. Hier kommt er nun doch an seine Grenzen. Bei solchen Aufträgen nützt ihm all sein Mut nichts. Zwar packt er jedes Mal die Arbeit an, gibt aber bald auf und resigniert. In diesem Moment kommt jedes Mal die Prinzessin und bringt ihm Essen. «Du bist müde», sagt sie, «leg den Kopf in meinen Schoß und schlaf.» In russischen Märchen kommt dieses Motiv mehrfach vor: Da sagt die weise Wassilissa: «Leg dich hin und schlaf. Der Morgen ist weiser als der Abend.» Während er nun schläft, ruft sie ihre zauberkräftigen Helfer und erledigt seine Arbeit.

Für einen Helden, der gewohnt ist, furchtlos und voller Selbstvertrauen alles anzupacken, besteht die Prüfung gerade darin – nachdem er alles ihm Mögliche versucht hat –, loszulassen, nichts zu tun und sich vertrauensvoll einer höheren Macht hinzugeben. In einer solchen Situation nützen weder Angst noch Mut etwas, nur Vertrauen.

Drei Möglichkeiten haben wir jetzt kennengelernt, mit scheinbar unüberwindlichen und beängstigenden Schwierigkeiten fertig zu werden. Wir können in diesen auch eine Stufenfolge menschlicher Seelenentwicklung sehen: Schlagkräftigkeit, Ertragsamkeit oder Gelassenheit, Vertrauen. Man kann auch erinnert werden an Rudolf Steiners Vorträge, die er im Oktober 1909 in Berlin gehalten hat unter dem Titel *Metamorphosen des Seelenlebens.*[117] Dort geht es um drei «Tugenden», durch die das Seelenleben von der Empfindungsseele zur Verstandesseele und schließlich zur Bewusstseinsseele erzogen wird: den Zorn, die Wahrheit, die Andacht.

Eine erste Stufe besteht darin, dass man in «heiligem Zorn» erglühen kann über Ungerechtigkeit und Torheit. Es geht also nicht darum, wütend werden zu können, sondern die Empfindung mit dem Denken und dem vom Denken geleiteten Gefühl zu durchdringen. Als zweiter Schritt muss die Fähigkeit ausgebildet werden, das eigene Selbst stark zu machen, um die Wahrheit zu erkennen, die hinter den äußeren Erscheinungen steckt und die nicht ohne Gelassenheit zu erfassen ist. Bei der dritten Qualität geht es um Vertrauen und Ergebenheit in die Führung durch das Übersinnliche, Göttliche, auch wenn es für uns zunächst unbekannt und nicht fassbar ist. Das nennt Rudolf Steiner Andacht.

Mir scheint, dass in den Märchen jeweils auf die eine oder die andere dieser Tugenden der Akzent gelegt wird. Allen gemeinsam ist aber, dass der wahre Märchenheld nie aufgibt, sondern entschlossen sein Ziel verfolgt. Allerdings ohne Sturheit, denn es wird auch immer wieder gezeigt, wie notwendig es ist, aufmerksam auf das zu achten, was auf dem Wege begegnet – oft liegt darin gerade die willkommene Hilfe, auch wenn scheinbare Umwege notwendig werden. Märchenwege sind ja keine äußeren Wege. Sie entstehen, indem man sie geht.

Das Ziel bestimmt die Richtung, der Weg ist die Entwicklung zu diesem Ziel hin. Das Ziel aber liegt im Märchen immer in etwas, das man vom diesseitigen Aspekt aus als unmöglich bezeichnen würde, ebenso unmöglich, wie Fausts Begehren, die schöne Helena ins Leben zurück zu rufen. Aber dazu lässt Goethe die Seherin Manto sagen: «Den lieb ich, der Unmögliches begehrt.»

Vom Dummling

Im 13. Jahrhundert strömte mit der Scholastik der Intellekt in die Menschenköpfe hinein, zweihundert Jahre später, im 15. Jahrhundert, wandte er sich der Außenwelt zu: die Naturwissenschaft entwickelte sich (Kopernikus lebte von 1473 bis 1543). In der Zeit dazwischen erlebte das Märchenerzählen zugleich mit der Entwicklung des Rosenkreuzertums seine besondere Blütezeit. Denn «wo hatten diese Märchenerzähler, diese Rhapsoden, gelernt, solche Bilder vor die Menschen hinzustellen? – In denselben Tempeln hatten sie es gelernt, die wir als die Schulen der Rosenkreuzer anzusehen haben.»[118] Wir erfuhren schon, dass eins der wichtigsten Anliegen von Christian Rosenkreutz die Vorbereitung des naturwissenschaftlichen Zeitalters war. Wäre es da nicht naheliegend, dass die Märchenhelden sich durch besondere Intelligenz auszeichneten, vielleicht durch Schläue wie Odysseus in der griechischen Mythologie? Dies ist durchaus in den orientalischen Märchen der Fall, beispielsweise in *Tausendundeine Nacht.* Aber in Mitteleuropa, gerade da, wo die Naturwissenschaft zur Blüte kam und wo heutzutage Intelligenz zu den gefragtesten Artikeln auf dem Markt des Lebens gehört, taucht plötzlich eine ganz andere Gestalt auf: der sogenannte «Dummling».

Ich denke hier an die Dreibrüdermärchen, in denen der Jüngste meist als Dummling verlacht wird, während die Älteren besser wissen, worum es im Leben geht, nämlich um den eigenen Vorteil. Im Märchen *Die goldene Gans*[119] gesellt sich ein Männlein zu einem Burschen, der frühstückend im Walde sitzt, und bittet um einen Anteil, um seinen Hunger zu stillen. «Wenn ich dir etwas abgebe, habe ich selbst nicht genug», lautet die zweifellos kluge Antwort.

Oder «Wenn ich das Wasser des Lebens bringe, bin ich meinem Vater der liebste und erbe das Reich», sagt der Älteste in *Das Wasser des Lebens,*[120] während der Jüngste nur daran denkt, wie er seinen Vater heilen kann. Nacheinander reiten sie nun aus und begegnen nacheinander an derselben

Stelle einem grauen Männlein, das «Wohinaus so geschwind?» fragt. Die beiden Älteren reiten hochmütig weiter, worauf das Männlein zornig wird und einen bösen Wunsch tut. «Bald danach geriet der älteste Prinz in eine Bergschlucht, und je weiter er ritt, desto enger taten sich die Berge zusammen, und endlich ward der Weg so eng, dass er keinen Schritt weiter konnte. Es war nicht möglich, das Pferd zu wenden oder aus dem Sattel zu steigen, und er saß da wie eingesperrt.» Ebenso geht es dem Zweiten. Der Jüngste hingegen gibt freundlich und sachlich Auskunft, und der Zwerg verrät ihm daraufhin, wo und wie er das Wasser des Lebens finden kann. Es quillt aus dem Brunnen eines verwünschten Schlosses, in dem er auch eine schöne Prinzessin findet, mit der er sich verspricht: Wenn er in einem Jahr wiederkäme, solle die Hochzeit gefeiert werden.

Doch nun treten wieder die beiden Brüder auf den Plan. Der jüngste Bruder hatte den Zwerg gebeten, sie aus ihrer Klemme zu befreien. Dieser tut es mit den Worten: «Aber hüte dich vor ihnen, sie haben ein böses Herz.» Und so geschieht das Unheil: Sie nehmen ihm das Wasser weg und heilen den Vater, während der Jüngste verstoßen wird und ein Jahr im Walde herumirrt. Die berechnenden Brüder hingegen machen sich auf den Weg, um die Prinzessin zu heiraten, noch ehe das Jahr ganz vorbei ist, denn sie wollen ihrem Bruder zuvorkommen. Zuerst macht sich der Älteste auf, dann der Zweite. Die Königstochter aber hat von ihrem Schlosstor aus eine goldene Straße bauen lassen und den Befehl gegeben, wer auf dieser Straße käme, der wäre der Rechte und ihm solle geöffnet werden. Alle anderen sollen die Wächter abweisen. Die klugen Brüder finden es schade, mit dem Pferd auf der goldenen Straße zu reiten. So weicht einer nach links aus, der andere nach rechts und beide werden abgewiesen. Als der Jüngste zur rechten Zeit eintrifft, hat er sein ganzes Gemüt auf seine Braut gerichtet; er denkt nur an sie und so bemerkt er die goldene Straße gar nicht und wird eingelassen. – Hier zeigen sich bereits einige charakteristische Eigenschaften des sogenannten «Dummlings»: Er denkt nicht an vielerlei, sondern an eines, und behält so immer das Ziel im Auge. Er bleibt bei der Sache und gibt die entsprechenden Auskünfte. Wir hörten schon von der zentralen Wichtigkeit dieser Tatsache im Märchen vom *Vogel Gryff.*

Das Verhalten der Brüder ist nicht nur unfreundlich, sie denken nur an das, was ihnen nützt – und es nützt ihnen nichts, einem Zwergenknirps Auskunft über ihr Vorhaben zu geben. Sie haben ein rein materialistisches Denken, und so ist es kein Wunder, dass sie schließlich in der Materie (der Felsschlucht) steckenbleiben. Sie kommen nicht weiter. Man fühlt sich hier an die Gestalt des Sisyphus in der griechischen Mythologie erinnert, eine Figur, die sich schon in frühgriechischer Zeit durch ein ausgesprochenes Verstandesdenken auszeichnet und der nach seinem Tode ständig einen Felsbrocken schleppen muss, der ihm immer wieder entgleitet. Sisyphus ist übrigens der Vater von Odysseus.

Es gibt auch Märchen, in denen es darum geht, drei Nächte zu wachen, unter einem Apfel- oder auch Birnbaum, um wahrzunehmen, wer jeweils die Früchte stiehlt. So z. B. in *Die weiße Taube*[121] oder *Der goldene Vogel.*[122] Auch hier bleibt der Jüngste bei der Sache, das heißt in diesem Fall, er bleibt wach, während die Brüder einschlafen. Es geht also nicht grundsätzlich darum, dass der Dummling eine Schlafmütze ist, obwohl er in russischen Märchen oft sieben Jahre auf dem Ofen liegt und Sonnenblumenkerne kaut. Er ist ein Spätentwickler und sammelt Kraft für das Wesentliche. In Norwegen heißt er «Askeladden», der Aschenhocker. Es ist der ruhende Teil im Menschen, der am Innenleben erwarmt. Innere Fortschritte macht man nicht durch Geschäftigkeit, sondern durch Ruhe.

Auf dem Weg der anthroposophischen Geistesschulung gibt es die sechs sogenannten «Nebenübungen». Es sind Vorübungen zur meditativen Schulung, die besonders auf den Willen zielen. Rudolf Steiner beschreibt sie in allen Grundbüchern in leichten Variationen. Bei den ersten beiden Übungen geht es um Kontrolle des Denkens und des Handelns – Verhaltensweisen, von denen wir gerade gesprochen haben: Bei der Sache zu bleiben, sich auf sein Vorhaben zu konzentrieren. Dazu kommen Gelassenheit, Unbefangenheit und Positivität. Letztere könnte man auch Heiterkeit nennen. Im norwegischen Märchen *Die Wichtelmännchen auf Sandflesa*, das bereits betrachtet worden ist, hat der «Glück-Anders» von Natur aus diese Eigenschaft der Heiterkeit und Positivität. Man könnte sogar sagen: Ein Dummling ist ein Mensch, der die «Nebenübungen» nicht zu machen braucht, weil die zu erringenden Eigenschaften ihm bereits angeboren sind.

Als Gegenstück zum Dummling gibt es eine Märchengestalt, die niemals «dumm» ist, sondern klug und pfiffig, nämlich den Schneider. Dieser schneidet seinen Stoff in Teile, aus denen er das zusammensetzen kann, was er will. Das leistet unser Intellekt per Mausklick, darin gleicht er der Computertätigkeit. Wie geht es nun dem *Tapferen Schneiderlein?*[123] Es hat durchaus Erfolge, besonders im Kampf mit den Riesen, also bei der Überwältigung von Naturkräften durch List. Und deshalb wird es auch König. Danach heißt es: «Die Hochzeit ward also mit großer Pracht und kleiner Freude gehalten und aus einem Schneider ein König gemacht.» Das ist aber noch nicht der endgültige Schluss, sondern die Königstochter merkt bald, was sie für einen Mann geheiratet hat, und sie bittet ihren Vater, er möge ihr doch helfen, diesen Mann loszuwerden, der nichts als ein Schneider sei. Der König schmiedet tatsächlich einen Plan, aber dieser scheitert an des Schneiders Schlauheit – und so muss die arme Königstochter den Schneider behalten.

Im Märchen *Der Riese und der Schneider*[124] hat sich der Schneider auf eine Weidenrute gesetzt, und da er vergessen hat, sein Bügeleisen in die Tasche zu stecken, schleudert der Zweig ihn so weit in die Höhe, dass man ihn gar nicht mehr sehen kann. «Wenn er nicht wieder heruntergefallen ist, so wird er wohl noch oben in der Luft herumschweben.»

Wieder ein anderes Ende nimmt *Der Schneider im Himmel.*[125] Er kam im Himmel an, als der Herr gerade mit seinen Heiligen im himmlischen Garten spazieren ging. Da schlich er sich in die leeren himmlischen Hallen, staunte den herrlichen Thron an, auf dem der Herr zu sitzen pflegte, wenn er zu Hause war, und bekam große Lust, auch einmal dort zu sitzen. Als er hinaufgeklettert war, sah er alles, was auf der Welt geschah, unter anderem eine Wäscherin, die gerade zwei Schleier stahl. Das entrüstete ihn so, dass er das Fußbänkchen ergriff und nach der alten Sünderin warf. Da er die Fußbank aber nicht mehr heraufholen konnte, versteckte er sich in einem Winkel. Als der Herr zurückkam, mangelte der Schemel. Daraufhin wurde der Schneider entdeckt und befragt. Freudig gab er zu, dass er ihn nach einem alten Weibe geworfen hatte, das er beim Stehlen ertappt hatte; er hatte also aus einem moralischen Impuls heraus gehandelt.

«O du Schalk», sprach da der Herr, «wollt ich richten, wie du richtest, ich hätte schon längst keine Stühle, Bänke, Sessel, ja keine Ofengabel mehr hier, sondern alles nach den Sündern hinabgeworfen. Fortan kannst du nicht mehr im Himmel bleiben, sondern musst wieder hinaus vor das Tor. Da sieh zu, wo du hinkommst. Hier soll niemand strafen denn ich allein, der Herr.» Petrus musste den Schneider wieder hinaus vor den Himmel bringen, und da er auch in der Hölle nicht gefragt war – er hatte ja moralische Prinzipien –, so nahm er einen Stock in die Hand und zog nach Warteinweil, wo die frommen Soldaten sitzen und sich lustig machen. So geht's mit den Schneidern.

Kehren wir nochmals zum Dummling zurück und zu der Frage, wie es kommt, dass eine solche Gestalt plötzlich in der mittelalterlichen Welt auftaucht. Das «Rosenkreuzertum im engeren Sinne» wird vorbereitet durch die Gralsströmung. Die Sagenmotive um Parzival und den Gral tauchen im frühen Mittelalter auf einmal auf, als Roman, als epische Dichtungen, wie die von Chrestien de Troyes (um 1180) oder später von Wolfram von Eschenbach (Anfang 13. Jahrhundert), aber auch als schlichte Volkserzählungen, von denen ich hier das bretonische Märchen *Peronnik, der Einfältige* zitieren will.[126]

Die Erzählung berichtet von einem Zauberer, der eine Schale aus Gold und eine Lanze aus Diamant besitzt: «Die goldene Schale spendet augenblicklich alle Gerichte und Reichtümer der ganzen Welt – es genügt, aus ihr zu trinken, um von allen Übeln geheilt zu werden. Ja, die Toten selbst erwachen wieder ins Leben, wenn die Schale ihre Lippen berührt. Die Lanze aus Diamant aber tötet und vernichtet alles, was sie trifft.» Peronnik, ein einfältiger Knabe, der kein Zuhause hat und sich in der Welt herumtreibt, hat davon gehört und macht sich auf die Suchwanderung. Er muss zunächst durch den Irrwald, dann einen Apfel pflücken vom Baum des Paradieses, dann die Blume, die lacht, erwerben, den Drachensee durchschwimmen, an einem gewaltigen Riesen vorbeischleichen, das Tal der Verführung durchwandern und schließlich einen Fluss durchqueren, der nur eine einzige Furt hat. Diese sieben Proben besteht er, bewältigt auch den Zauberer und gewinnt so goldene Schale und diamantene Lanze. Mit diesen Schätzen zieht er nun zum Hof des Königs der Bretagne. Diesem hilft er im Krieg, indem er das feindliche Heer vernichtet und die gefallenen Bretonen wieder lebendig macht. Und so endet auch dieses Märchen damit, dass der Dummling König wird. Es ist ein ausgesprochenes Gralsmärchen.

Rudolf Steiner schilderte den ganzen Komplex der Gralssagen im Zusammenhang mit der menschlichen Seelenentwicklung. «So ist uns dargestellt in den ‹Rittern von König Artus Tafelrunde› die Wiederholung alles dessen, was der neu Einzuweihende in gewissem Sinne zu erleben hat in der Empfindungsseele. In dem, was sich um den heiligen Gral herumgruppiert, ist dargestellt, was in der neueren Zeit die Verstandes- oder Gemütsseele erleben kann … Und was sich in der Bewusstseinsseele abspielen muss, das ist ausgedrückt in alledem, was sich um die Gestalt des Parzival herumkristallisiert.»[127] In Parzival sieht Steiner das Ideal der Initiation der Bewusstseinsseelenzeit. Und Entsprechendes kann man sagen vom Auftauchen des «Dummlings» im europäischen Volksmärchen.

Rose und Lilie

Sucht man nach einem Symbol für das Rosenkreuzertum, so ist natürlich eines der naheliegendsten die Rose. Der Wanderer zur «Chymischen Hochzeit» steckt sich, ehe er sich auf den Weg macht, eine Rose auf den Hut, was im königlichen Schloss eine Art Erkennungszeichen für ihn ist. Die Rose wird auch die Königin der Blumen genannt, denn sie formt mit besonderer Hingabe und Kraft jedes Glied ihrer Pflanzengestalt aus. Sie treibt stärker als viele andere Blütenpflanzen kräftige, verzweigte Wurzeln und erhält von diesen Feuchtigkeit und Stütze. Aus diesen Wurzeln treibt sie zahlreiche Triebe, die sich vielfach verzweigen und eine Fülle von Knospen und Blüten hervorbringen. Wir denken bei dem Wort «Rose» wie selbstverständlich an eine gefüllte rote Rose, obwohl diese erst durch menschliche Zuchtbemühungen entstanden ist. Es gibt sehr viele verschiedene Rosensorten und die Familie der Rosengewächse im weiteren Sinne ist sehr umfangreich, auch alle Obstbäume gehören dazu.

Das Gegenbild zur Rose ist die Lilie: sechszählig im Gegensatz zur fünfzähligen Rose, farblos im Gegensatz zum Leuchten der Rose, aus einer Zwiebel hervorgehend, das heißt nur leicht mit der Erde verbunden, im Gegensatz zur tiefen Verwurzelung der Rose.

Auf mittelalterlichen Altarbildern, z.B. dem Isenheimer Altar, trägt der Verkündigungsengel in seiner Eigenschaft als Himmelsbote eine Lilie. Hingegen ist der Maria, die bereits ihr Kindlein geboren hat, die Rose beigegeben. Bei Schongauer und Stefan Lochner sehen wir die Maria im Rosenhag. In Weihnachtsliedern singen wir «Es ist ein Ros entsprungen» oder «Maria durch ein Dornwald ging»; dort heißt es weiter: «… da haben die Dornen Rosen getragen, als Maria ihr Kindlein durch den Wald hat getragen.» Mit diesem Liedmotiv befinden wir uns schon ganz nahe an dem von Rosen umschlungenen Kreuz.

Das Rosenkreuzertum im engeren Sinne wurde seit dem 9. Jahrhundert vorbereitet durch die Gralsströmung. Der Weg vom Gral zu den Rosenkreuzern ist der Weg von der Lilie zur Rose. Eine sehr alte Sage aus der Provence, die um 1230 von Konrad Fleck in dichterische Form gebracht wurde – wir finden sie in den alten Volksbüchern –, handelt von Flos und Blankflos oder Flor und Blancheflor. Flos oder Flor ist die rote Blume oder Rose, und in den Geheimschulen wusste man, dass damit eine frühere Verkörperung des späteren Begründers des Rosenkreuzertums gemeint war. Historisch war er Sohn eines Königs von Spanien, der seiner Frau von einem Kriegszug eine Christensklavin mitgebracht hatte. Diese gebar dann am gleichen Tag, an dem der Königssohn Flor zur Welt kam, ein Mädchen, das Blancheflor genannt wurde, das ist die weiße Blume oder Lilie. Beide Kinder wuchsen zusammen auf und liebten sich sehr. Als sie aber herangewachsen waren, verkaufte der König, während Flos abwesend war, Blankflos an einen Admiral in Babylonien, weil er seinen Sohn natürlich nicht mit einer Sklavin vermählen wollte. Als dieser das erfuhr, machte er sich sofort auf und zog in die Welt, um Blankflos zu suchen. Er fand sie auch und erfuhr, dass sie ihre Wohnung in einem Turm hatte. Nun folgt ein sehr schönes Bild: Um zu seiner Liebsten zu gelangen, ließ er einen großen Korb mit Rosen füllen, versteckte sich darunter und ließ den Korb in ihr Gemach tragen. So fanden sie sich wieder. Und als der Admiral, der sie zunächst töten wollte, wahrnahm, wie sehr sie sich liebten, ließ er sie vermählen und sandte sie nach Hause. Dort wurden sie König und Königin. Sie bekamen eine Tochter namens Bertha, die später die Mutter des großen Kaisers Karl wurde.[128]

Zur Sage von Flos und Blankflos führte Rudolf Steiner aus: «Man sah in der Rose, in Flor oder Flos, das Symbolum für die menschliche Seele, die den Persönlichkeits-, den Ich-Impuls in sich aufgenommen hat, die das Geistige aus ihrer Individualität wirken lässt, die bis in das rote Blut hinein den Ich-Impuls gebracht hat. In der Lilie aber sah man das Symbolum der Seele, die nur dadurch geistig bleiben kann, dass das Ich außerhalb ihrer bleibt, nur bis an die Grenze herankommt. So sind Rose und Lilie zwei Gegensätze. Rose hat das Selbstbewusstsein ganz in sich, Lilie ganz außer sich. Aber die Vereinigung der Seele, die innerhalb ist, und der Seele, die außen als Weltengeist die Welt belebt, ist dagewesen. Flor und Blancheflor drücken aus das Finden der Weltenseele, des Welten-Ich durch die Menschenseele, das Menschen-Ich. Das, was später in der Sage vom Heiligen Gral geschildert ist, wird auch hier durch diese Sage ausgedrückt. Es ist kein äußerliches Paar. In der Lilie ist dargestellt die Seele, die ihre höhere Ichheit findet. In der Vereinigung von Lilienseele und Rosenseele wurde das gesehen, was Verbindung finden kann mit dem Mysterium von Golgatha.»[129]

Anschließend wird dann noch geschildert, dass das esoterische Christentum seit dem 13. und 14. Jahrhundert weiterlebte im Rosenkreuzertum, wo die Eingeweihten herangebildet wurden, «welche die Nachfolger der alten europäischen Mysterien sind, die Nachfolger der Schule vom heiligen Gral».

Wie steht es nun mit Rose und Lilie im Volksmärchen? Meines Wissens sind es überhaupt die einzigen Blumen, die im Märchen vorkommen. Im Märchen *Die Goldkinder* gehören die goldenen Kinder, die goldenen Pferde und die goldenen Lilien zusammen, wobei die Lilien das Lebenszeichen sind. Als die Lilie des einen umfällt, eilt der Bruder ihm zu Hilfe.

Ein besonderes Rosenmärchen ist *Dornröschen*. Wir haben im Zusammenhang mit der Biografie von Christian Rosenkreutz schon von seiner Inkarnation im 13. Jahrhundert gesprochen, als er als zarter Jüngling eine Einweihung durch zwölf weise Männer erhielt, die das ganze Wissen ihrer Zeit repräsentierten und die zwölf Geistesrichtungen vertraten. Bei Dornröschen sind es zwölf weise Frauen, die ihre Geistesgaben in das Kind einströmen lassen, allerdings gibt es auch die dreizehnte, die den Todeskeim hineinlegt. Dieser war auch in dem Jüngling vorhanden, denn es wird gesagt, dass er durch einen frühen Tod von der Erde genommen wurde. Dornröschens Tod wird in einen hundertjährigen Schlaf abgemildert – wir dürfen dabei wohl an einen Einweihungsschlaf denken. Die Brüder Grimm sahen in dem Bild ein Brynhildenmotiv. Der Zeitraum von einhundert Jahren spielt für die Rosenkreuzer eine besondere Rolle. Was geistig veranlagt ist, darf erst nach hundert Jahren an die Öffentlichkeit treten. Im Märchen vom Dornröschen werden die Rosen zeichenhaft verwendet. Es wird sehr krass geschildert, wie die Jünglinge, die zu früh die Dornenhecke durchbrechen wollen, auch wenn sie noch so tapfer und mutig sind, steckenbleiben und eines elenden Todes sterben müssen. Erst nach hundert Jahren «ist die Zeit erfüllet», wie es im Evangelium heißt. Die Dornen tragen Rosen, und Dornröschen darf geweckt werden. Dann findet die königliche Hochzeit statt.

Ein ähnliches Bild wie das des schlafenden Dornröschens ist das von *Schneewittchen* im gläsernen Sarg. Auch ihr Tod ist kein wirklicher Tod, sondern eher ein Schlaf, aus dem der königliche Bräutigam sie erweckt. In diesem Märchen kommt keine Rose vor, wohl aber der typisch märchenhafte Farbdreiklang weiß wie Schnee, rot wie Blut, schwarz wie das Ebenholz – die drei Farben des Rosenkreuzes.

Ein Märchen mit dem Titel *Das Lilienmädchen* wurde von Rudolf Steiner in seinem allerersten Vortrag über Volksmärchen im Jahre 1808 nacherzählt.[130] Es berichtet von einem König, der die Frau sucht, die ihm bestimmt ist. Nach und nach findet er die Wesen, die ihn dorthin führen sollen. Zunächst bekommt er einen Rosmarinstengel, der die Eigenschaft hat, sich vor seiner Zukünftigen zu verneigen. Dann kommt ein Goldvögelchen hinzu, das den Weg weist. Und dann findet er noch ein Zauberpferd, dem er einen giftigen Pfeil aus der Schulter zieht. Da erhebt sich das Pferd mit ihm in die Lüfte und bringt ihn in großer Geschwindigkeit zum Ziel. Sind diese drei Helfer die Seelenkräfte des Menschen, Empfindungs-, Verstandes- und Bewusstseinsseele? Der Gedanke kann jedenfalls hilfreich sein.

Das Ziel des Königs ist ein gläsernes Schloss mit einem gläsernen König, in dessen Leib eine dicke Fliege herumbrummt. Daneben sitzt seine Frau, die Feenkönigin, mit einem Rosengewand, das aber von einer Spinne ständig aufs Neue dick eingesponnen wird: eine verzauberte Welt, die erlöst werden muss. Das geschieht mit Hilfe des Zauberpferdes. Und danach kann der König im benachbarten Schloss die ihm bestimmte Gemahlin finden, das Lilienmädchen, die Schwester der Feenkönigin. «Und sie hielten eine große Hochzeit, und wenn sie nicht gestorben sind, so leben sie heute noch.»

Das Märchen mit seinen eigenartigen Bildern teilt uns mit, dass wir in einer intellektualisierten, einer gläsernen Welt leben: Wir müssen die Urbilderwelt wieder finden, die Feenwelt. Rosenkönigin und Lilienmädchen sind Schwestern: Wir müssen das Menschen-Ich und das Welten-Ich wieder in Beziehung bringen.

Sehr anders ist das Märchen *Von dem Sommer- und dem Wintergarten.*[131] Dieses beginnt so wie viele andere Tierbräutigam-Märchen: Ein Kaufmann reist zur Messe und fragt seine drei Töchter, was er ihnen mitbringen soll. Die beiden Älteren pflegen sich in einem solchen Falle schöne Kleider oder Schmuck zu wünschen. Der Wunsch der Jüngsten ist bescheidener; es geht aber meist um etwas Lebendiges, in diesem Fall um eine Rose. Das aber bringt den Vater in Schwierigkeiten, es ist nämlich Winter. Wo findet man «die Rose, die im Winter blüht»?

Die Liebe zu seiner Tochter bringt den Vater dazu, mitten in der Winterlandschaft einen Sommergarten zu finden, einen Garten mit einem herrlich blühenden Rosenstrauch. Dort befindet sich auch ein Schloss, wo er Speise und Trank und ein Bett findet. Dann aber zeigt sich, dass der Besitzer dieser Herrlichkeit ein hässliches Tier ist, das begehrt, die Tochter des Kaufmanns zur Frau zu nehmen. Aus Liebe zum Vater lässt das Mädchen sich darauf ein. Und nun erscheint ein Motiv, das im Märchen äußerst selten ist. In der Bilderwelt des Märchens sind Außen und Innen im Allgemeinen gleich: Wer schön ist, ist auch gut und umgekehrt. Hier aber zeigt das äußerlich hässliche Tier, dass es innerlich schön ist. Das Mädchen führt ein gutes Leben mit ihm und gewinnt es immer lieber. Aber als sie hört, dass ihr Vater erkrankt ist, bittet sie das Tier, ihn besuchen zu dürfen. Der Vater stirbt und sie bleibt viel länger dort, als sie geplant hatte. Als sie zurückkommt, findet sie das Tier tot auf einem Haufen alter Kohlköpfe liegen. Da weint sie bitterlich, holt eine Gießkanne und begießt das Tier so lange, bis es wieder lebendig wird. In diesem Moment verwandelt es sich und wird zu einem schönen Prinzen. Da ward Hochzeit gehalten, die Sommerseite des Gartens kam prächtig hervor und sie lebten vergnügt miteinander immerdar. Es ist der christliche Liebesimpuls, der den Sommergarten im Winter erblühen lässt.

In der Lichtesluft des Geisterlandes,
da erblühn die Seelenrosen,
und ihr Rot erstrahlet
in die Erdenschwere.
Es wird im Menschenwesen
zum Herzgebild verdichtet:
Es strahlet in der Bluteskraft
als das Erdenrosenrot
in die Geisteswelten wieder hin.
(Rudolf Steiner)

Die jüngste Tochter, die sich von ihrem verreisenden Vater eine Rose wünscht, ist ein Motiv, das öfters in den Märchen vorkommt, z. B. finden wir es in Graubünden im Märchen *Die goldene Ampel und der silberne Stab*[132] oder in Polen in *Die blaue Rose.*[133]

Das Geheimnis der Dreiheit

Das Geheimnis der Dreiheit lässt uns an die göttliche Trinität – Vater, Sohn und Geist – denken, die für das Christentum eine grundlegende Rolle spielt. Die Lehre von der Dreieinigkeit ist auf dem Konzil von Nicäa (325) zum Dogma erhoben worden.

Außertheologische Wirksamkeit hatte das Konzept der Dreiheit im deutschen Idealismus. Bei Hegel findet sich die Anschauung, basierend auf Plato, dass der Mensch aus Leib, Seele und Geist besteht (Trichotomie). Auf diesem Hintergrund baute wahrscheinlich Rudolf Steiner seine Dreigliederungslehre des Menschenwesens auf:

Leib – Seele – Geist,
Denken – Fühlen – Wollen,
Empfindungsseele – Verstandesseele – Bewusstseinsseele.

Nach dem Ersten Weltkrieg entwickelte er, daran anschließend, den Gedanken von der Dreigliederung des sozialen Organismus: Geistesleben – Rechtsleben – Wirtschaftsleben.

Auch hier kann man sehen, wie die anthroposophischen Grundgedanken bereits im Märchen zu finden sind. Das Märchen basiert ganz und gar auf der Zahl Drei. Bei den Figuren und Dingen: drei Söhne, drei Töchter, drei Brüder, drei Männlein, drei Drachen, drei Äpfel usw., aber auch in der Komposition: fast immer haben wir eine charakteristische Ausgangssituation («Es war einmal ...»), dann die Suchwanderung und zuletzt die Erlösung mit der Hochzeit. Im mittleren Teil sind drei Prüfungen zu bestehen, und wenn es mehr sind, dann nicht vier, sondern nochmal drei.

Einen besonderen Aspekt der Dreiheit möchte ich noch anfügen. In einem Vortrag von Rudolf Steiner vom 6. Mai 1909 findet sich der Absatz: «Aber es tritt etwas ganz Bestimmtes ein, wenn die Einweihung in vollem Ernst betrieben wird, nicht als Spielerei. Wird die Einweihung mit Würde gepflogen, so ist es, als ob des Menschen Organisation in drei Teile geschieden würde und das Ich als König über diesen drei Teilen thronte. Während gewöhnlich beim Menschen die Sphären von Denken, Fühlen und Wollen nicht deutlich getrennt sind, ist der Mensch, wenn er sich höher entwickelt, immer mehr imstande, Gedanken zu fassen, die nicht gleich zu Gefühlen gebracht werden, sondern die vom Ich in freier Wahl zu Sympathie und Antipathie gebracht werden. Nicht schließt sich das Gefühl gleich unmittelbar an einen Gedanken an, sondern der Mensch spaltet sich in Gefühlsmensch, Gedankenmensch, Willensmensch.

Der Mensch fühlt sich als Ich-König, der thront über einer Dreiheit. In drei Menschen zerfällt er. Das tritt ein auf einer bestimmten Stufe der Einweihung. Er fühlt, dass er durch den Astralleib erlebt alle die Gedanken, die sich auf die geistige Welt beziehen. Durch den Ätherleib erlebt er alles das, was als Gefühle die geistige Welt durchzieht, durch den physischen Leib alles, was als Willensimpulse die geistige Welt durchlebt und durchsetzt. Man sagt: Der Mensch fühlt sich selbst als König innerhalb der heiligen Dreizahl.»[134]

Die Tatsache dieser Aufspaltung findet man in bildhafter Darstellung in dem russischen Märchen *Morgenrot, Abend und Mitternacht:*[135]

«In einem Reiche lebte einmal ein König, der hatte drei Töchter von unbeschreiblicher Schönheit. Er hütete sie mehr als seine Augen, richtete ihnen unterirdische Säle ein und setzte sie da hinein, damit kein feindlicher Wind sie berühren oder die grelle Sonne sie mit einem Strahl versengen könne. Da saßen sie – gerade wie Vögelchen – in einem Käfig.

Eines Tages lasen die Königstöchter in einem Buche, dass über ihnen eine wunderbare helle Welt sei; und als der König kam, sie zu besuchen, fingen sie an, ihn unter Tränen zu bitten: ‹Herr, du unser Väterchen, lass uns die helle Welt anschauen, im grünen Garten lustwandeln.› Der König hätte es ihnen gerne ausgeredet, aber sie wollten nicht auf ihn hören. Je mehr er es ihnen verweigerte, desto mehr bedrängten sie ihn. Schließlich gab er ihrem unaufhörlichen Verlangen nach, und die Königstöchter stiegen hinauf in die helle, freie Welt. Sie lustwandelten in dem grünen Garten, sie sahen die leuchtende Sonne, die Bäume und die Blumen und freuten sich über die Maßen, dass ihnen die helle Welt erschlossen war. Sie liefen umher, um zu spielen, jedes Kräutlein bewunderten sie. Da kam plötzlich ein stürmischer Wirbelwind daher, erfasste die Jungfrauen und trug sie hoch hinauf und weit davon. Kein Mensch wusste wohin.»

Man kann wohl sagen: Der Text von Steiner über den Ich-König, der über einer Dreiheit thront, stimmt in erstaunlichem Ausmaße mit dem Märchen überein. Was bei Steiner gedanklich erläutert wird, ist im Märchen eine

Bilderzählung. Drei Seelenkräfte kommen zu höherer Entwicklung – drei Königstöchter möchten höher hinaufsteigen. Das ist aber – so hören wir – mit Gefahr verbunden. Auch in Rudolf Steiners Buch *Wie erlangt man Erkenntnisse der höheren Welten?* (GA 10) kann man nachlesen, dass bei den ersten Schritten zur Einweihung die Kräfte des Denkens, Fühlens und Wollens auseinandertreten, ja, sogar das Gehirn zerfällt in drei selbständig wirkende Wesenheiten. Mit anderen Worten: Ein König hat drei Töchter, die in den inneren Räumen eines Schlosses schwesterlich zusammenleben. Nun hören sie, dass man aufsteigen kann in eine freiere Welt. Voll Eifer tun sie es und haben dort ganz neue Wahrnehmungen. Dieser Vorgang wird im oben genannten Buch unter «Gefahren der Geheimschulung» dargestellt. Im Märchen heißt es: Es kam ein Wirbelwind und riss die Mädchen auseinander. Wir erfahren später, dass es sich um «Drachen» handelte. Von diesen Drachen werden die Mädchen getrennt und jedes in einem eigenen Schloss unter der Erde gefangen gehalten, und zwar in einem kupfernen, silbernen und goldenen Schloss. Wir sehen: die drei Seelenkräfte werden getrennt.

Wir hören weiter in dem Märchen, dass es in dem Königreich drei «Söhne einer Witwe» gibt, die heißen Abend, Mitternacht und Morgenrot, wodurch sie zugleich charakterisiert sind. Morgenrot ist der Jüngste – die Zukunftskraft, und ihm gelingt es auch, die Königstöchter zu finden, und zwar mit Hilfe eines alten Männleins, so klein wie ein Fingernagel, mit einem ellenlangen Barte, das er sich auf ähnliche Art dienstbar macht wie der jüngste Bursche in *Dat Erdmänneken.*

Morgenrot tötet die drei Drachen, den dreiköpfigen, den sechsköpfigen und den zwölfköpfigen, und nimmt die Prinzessinnen mit. Aber ehe diese sich auf den Weg machen, nimmt jede ein rotes Tüchlein, geht auf den Hof ihres Schlosses und winkt. Dadurch rollen sich das kupferne, das silberne und das goldene Königreich zusammen und werden zu drei Eiern, einem kupfernen, einem silbernen und einem goldenen. Danach kehren die Brüder mit den Königstöchtern heim in ihr Reich.

«Als sie dort angelangt waren, rollten die Königstöchter ihre Eier auf das freie Feld, und sogleich erschienen die drei Königreiche, das kupferne, das silberne und das goldene. Der König freute sich so sehr, dass man es gar nicht sagen kann. Sogleich wurden Morgenrot, Abend und Mitternacht mit seinen Töchtern vermählt, und bei seinem Tode machte er Morgenrot zu seinem Erben.» Hier sind sich ausnahmsweise einmal die drei Brüder einig und wirken zusammen oder jedenfalls nicht gegeneinander bei der Erlösung der Prinzessinnen.

Ein echtes Zusammenarbeiten der drei Brüder gibt es im Grimm'schen Märchen *Die Kristallkugel,*[136] aber auch bei *Tischlein deck dich.*[137] Dort teilen die beiden älteren Brüder dem jüngsten in einem Brief mit, wie der Wirt sie betrogen hat, sodass dieser gleich weiß, mit was für einem Wirt er es zu tun hat. In diesem Märchen haben wir eine sehr eindeutige Zuordnung zu den Seelengliedern: Die Empfindungsseele entspricht dem Tischleindeckdich, die Verstandesseele dem Goldesel und die Bewusstseinsseele dem Knüppelausdemsack.

Von der Doppelnatur des Menschen

Zwei Seelen wohnen, ach! in meiner Brust,
die eine will sich von der andern trennen:
Die eine hält in derber Liebeslust
sich an die Welt mit klammernden Organen;
die andre hebt gewaltsam sich vom Dust
zu den Gefilden hoher Ahnen.
(Goethe, *Faust I*)

In der griechischen Mythologie gibt es das Zwillingspaar Kastor und Pollux. Kastor ist sterblich, Pollux unsterblich. Als Kastor nun sterben muss, will sich sein Bruder nicht von ihm trennen und so entschieden die Götter, dass sie gemeinsam abwechselnd in der Ober- und in der Unterwelt weilen dürfen.

Es ist eine interessante Tatsache, dass Rudolf Steiner in doppelter Art von den Ich-Kräften des Menschen gesprochen hat: einerseits von der Ich-Kraft, mit der wir täglich umgehen, mit der wir unsere Handlungen zu durchdringen suchen, aber es gibt noch einen anderen Aspekt:

«Das ist das schwer zu fassende Geheimnis, dass das Ich eigentlich in dem Zeitpunkt, bis zu dem wir uns zurückerinnern, stehenbleibt ... Das Ich macht unsere Erdenwanderung nicht mit. Das Ich bleibt stehen, ... weil es sich eigentlich nicht verbindet mit dem, was vom Erdendasein an den Menschen herankommt, sondern weil es verbunden bleibt mit denjenigen Kräften, die wir in der geistigen Welt die unsrigen nennen ... Das Ich wartet, wartet mit alledem, was in ihm ist die ganze Zeit, die der Mensch auf der Erde durchmacht, sieht nur hin auf die weitere Entwicklung des Menschen.»[138] Es gibt also einen Aspekt des Ich, der lebenslang am Himmelstor stehenbleibt. Dieses Ich lässt die Lebenszeit aus sich herausströmen und wartet auf uns. Das Geistige, im Hintergrund Bleibende, und das Sinnliche, in Erscheinung Tretende – der irdische und der kosmische Mensch –, beide gehören zwillingshaft zusammen.

Zwillingsmärchen

Im Märchen *Die Goldkinder*[139] haben wir es mit diesem Ich-Geheimnis zu tun, d. h. mit den zwei Aspekten des menschlichen Ich. Man kann sie auch das höhere und das niedere Ich nennen. Führen wir uns kurz die Bilderfolge dieses Märchens vor Augen.

Im ersten Bild sehen wir einen Fischer am Ufer des Meeres, dem ein goldener Fisch ins Netz geht. Der gefangene Fisch verspricht ihm einen Palast dafür, dass er ihn wieder ins Meer zurückwirft. Das ist ein Grenzerlebnis. Aus den Tiefen des ätherisch-fließenden Elementes steigt eine übersinnliche Kraft, die Goldkraft des Geistes, herauf, die in der Lage ist, das irdische Leben des Menschen, seine Häuslichkeit, in hohem Maße zu verschönern – allerdings nur, solange er fähig ist, darüber zu schweigen. Der Fisch vermag es, die armselige Hütte des Fischers in einen Palast zu verwandeln; einen Palast mit einem Schrank, der jede beliebige Nahrung spenden kann. Damit sind Armut und Hunger beendet. Aber durch die Neugierde bzw. den Erkenntnistrieb der Frau, einer echten Eva, wird dieser Zustand beendet.

Das Motiv des segenspendenden Fisches und der neugierigen Frau ist in dem plattdeutschen Märchen *Von dem Fischer un syner Fru*[139a] zum Hauptmotiv geworden. Dort steigert sich die Habgier der Frau, bis sie sozusagen in sich selbst zusammenbricht.

Das Märchen *Die Goldkinder* hat eine andere Wendung. Hier lässt sich der Fisch beim dritten Mal schlachten und essen, das Geistige opfert sich in das Sinnliche hinein. Es beginnt eine andere Zeit, die durch das Gold der Erkenntnis bestimmt ist. Die sonnenhafte Goldkraft fließt in alle Naturreiche hinein: ins Pflanzenreich (zwei goldene Lilien wachsen), ins Tierreich (zwei goldene Pferde werden geboren) und ins Menschenreich (zwei goldene Kinder kommen zur Welt). Diese wachsen im Reich des Vaters heran, wollen aber dann die Erdenwelt kennenlernen und reiten auf ihren goldenen Rössern davon – nur die Lilien bleiben zeichenhaft in der Vaterwelt stehen.

Der eine der Brüder schreckt dann aber doch vor dem Erdenweg zurück, kehrt um und geht wieder heim zum Vater. Der andere setzt seinen Weg fort, obwohl dieser durch den Räuberwald führt: «Ich soll und muss hindurch.» Und er kommt hindurch, weil er sich mit einem Bärenfell bekleidet. Wir können sagen, er nimmt die tierische Natur in sich auf. Später findet er eine liebe Frau und beginnt mit ihr zu leben. Hier haben wir einen Übergang zum Motiv des Tierbräutigams, denn merkwürdigerweise findet der Vater der Braut, der erst nach der Hochzeit von einer Reise zurückkehrt, ihn immer noch in Bärengestalt vor. Er möchte ihn töten und tritt deshalb nachts an das bräutliche Bett. Dort sieht er dann zu seiner Überraschung einen wunderschönen goldenen Jüngling liegen und bereut seine mörderischen Absichten.

Währenddessen träumt der Bräutigam von einem prächtigen Hirsch, und gleich am Morgen macht er sich auf, um den Traumhirsch zu erjagen. Bei diesem Motiv mag eine alte magische Handlung, die bei den keltischen Druiden vollzogen wurde, hereinwirken. Dabei ließ man die sichtbare Welt in Nebeln verschwinden und zauberte so die Welt hinter der Natur hervor. Dabei sah man ein Rudel Hirsche vorbeiziehen. Die Handlung nannte man «Der Schrei des Hirsches».[140]

Wir können dabei auch an die Psalm-Worte denken: «Wie der Hirsch schreit nach frischem Wasser, so schreit meine Seele nach dir.» Zu erinnern ist auch die Legende vom Hubertus-Hirsch. Hubertus lebte um 700 n. Chr. Er war ein Höfling und leidenschaftlicher Jäger. Eines Tages hatte er auf der Jagd die Erscheinung von einem weißen Hirsch mit einem goldenen Geweih, zwischen dem ein strahlendes Kreuz erglänzte. Seither wurde er als Heiliger verehrt. Der Hirsch bedeutet in der christlichen Symbolik die heilsbegierige Seele. Jedenfalls müssen wir beim Motiv der Hirschjagd nicht nur an die dazumal üblichen männlichen Jagdgelüste denken. Der Hirsch ist Sinnbild für die Sehnsucht nach dem Geiste, bei der aber offensichtlich eine Gegenkraft eingreifen kann: eine Hexe, die den Menschen in die Verhärtung treibt, das heißt «in Stein verwandelt».

Der andere Bruder, der beim Vater geblieben ist – «verbunden mit denjenigen Kräften, die wir in der geistigen Welt die unsrigen nennen» –, ist unberührt von irdischer Materialität. Er merkt sofort, dass seinem Bruder etwas zugestoßen ist, denn eine der goldenen Lilien ist umgefallen. Da eilt er ihm zu Hilfe. Es ist kein Problem für ihn, den Weg zu finden, die Lage zu erkennen und den Bruder zu erlösen. Dann kehrt er heim zum Vater und sein Bruder zu seiner Frau.

Sehr ähnlich ist der Verlauf bei ziemlich vielen Märchenvarianten. Diese Gruppe könnte man auch «Die Fischgeborenen» nennen. Im serbischen Märchen *Die Zwillinge* ist der Fisch ein Aal. Aus ihm gehen zwei Kinder hervor, zwei Fohlen, zwei Welpen und aus der Erde sprossen zwei Schwerter. Einer der Söhne zieht in die Welt, einer bleibt zu Hause. Letzterer besitzt ein Gläschen mit klarem Wasser, wenn es sich trübt, ist sein Bruder in Not. Der Bruder heiratet, begibt sich trotz der Warnung seiner Frau in einen gefährlichen Bergwald, wo er von einer Hexe versteinert wird.[141]

In Griechenland (in: *Die Zwillingsbrüder*[142]) handelt es sich um einen goldenen Fisch, der geteilt wird. Daraus werden zwei Knaben, zwei Füllen, zwei Hunde und es wachsen zwei Zypressen. Einer der Söhne zieht aus, einer bleibt zu Hause. Dem einen gelingt es, eine sehr umworbene Schöne zu gewinnen. Ehe er sie heiratet, zieht er weiter und befreit eine andere Jungfrau, die von einem Unhold gefressen werden soll. Den Unhold überwindet er und heiratet die Königstochter. Kurz danach geht er auf die Jagd und wird von einer Alten im Walde in Stein verwandelt. Sein Bruder merkt es, weil die Zypresse verdorrt. Er kommt und erlöst seinen Bruder. In diesem Falle bekommt jeder eine Frau, denn der Bruder heiratet die zuerst umworbene Schöne.

In der Gascogne erzählt man es so: Ein Fischer fing einen großen Fisch. Auch hier werden zwei Kinder, zwei Fohlen und zwei Hunde geboren. Die Jünglinge ziehen in die Welt, trennen sich aber; einer zieht nach Ost, der andere nach West. Der nach Osten zieht, befreit ein schönes Fräulein davor, vom Drachen gefressen zu werden. Später wird er in einem Waldhäuschen gefangen gehalten, aber der andere Bruder, der auf dem Heimweg war, merkt es, kommt und befreit ihn. Danach kehrt er zu den Eltern zurück.[143]

Ein letztes Beispiel aus Sizilien: Ein König fing einen goldenen Fisch. Daraus entstanden zwei Kinder, zwei Füllen, zwei Hündlein und zwei Schwerter. Beide Knaben ziehen gemeinsam in die Welt, aber dann trennen sie sich. Einer gewinnt in einem Turnier und heiratet eine schöne Königstochter. Dann geht er auf die Jagd, wo ihm in diesem Fall nichts geschieht, nur dass inzwischen sein Bruder auch an den Königshof kommt und seine Frau vor der Aufgabe steht, die beiden zu unterscheiden.[144]

Sowohl das Märchen aus der Gascogne als auch das sizilianische heißen wie das griechische *Die Zwillingsbrüder.* Diese Märchenvarianten sind sehr ähnlich und doch verschieden. Daran wird deutlich: Hinter jedem Märchen steht ein «Urmärchen», das eine «unsichtbare Gestalt» hat und aus unsichtbaren Bildern, eben aus Urbildern besteht. Es kann sich in verschiedener Art verkörpern, und wie das geschieht, hängt von der «Volksseele» ab und von dem Verhältnis des Erzählers zu dieser. Jene «unsichtbare Gestalt» eines Märchens ist bei allen Varianten gleich.

Die zwei Brüder

Es gibt auch noch eine andere Art von Zweibrüdermärchen, in denen diese keine Fischgeborenen sind. Bei den Brüdern Grimm ist dieser Typ vertreten durch *Die zwei Brüder.*[145] Diese werden Jäger und machen sich gemeinsam auf die Wanderung. Auf dem Weg begegnen sie hilfreichen Tieren: zwei Löwen, zwei Bären, zwei Wölfen, zwei Füchsen und zwei Hasen. Sie trennen sich und teilen auch die Tiere auf: der eine zieht nach Osten, der andere nach Westen. Der nach Westen zieht, besiegt einen Drachen und gewinnt dadurch eine schöne Königstochter zur Frau.

Dann aber geht auch er auf die Hirschjagd, und die Jagdszene verläuft genauso wie bei den *Goldkindern.* Auf der Jagd nach dem weißen Hirsch wird er samt seinen Tieren von einer Hexe in Stein verwandelt. Sein Bruder bemerkt es, zieht ihm nach, tötet die Hexe und erlöst ihn.

Was wollen uns die Märchen von den Zwillingsbrüdern sagen? Vielleicht können sie eine Hilfe sein, ein christliches Geheimnis zu verstehen, auf das wir von Rudolf Steiner hingewiesen werden. Es ist auffallend, dass bei Matthäus eine andere Geburtsgeschichte erzählt wird als bei Lukas. Rudolf Steiner führt nun aus, dass es tatsächlich zwei Jesusknaben gegeben hat, keineswegs Zwillinge, sondern sogar Knaben etwas verschiedenen Alters. Es gab den armen, im Stall geborenen Zimmermannssohn, von dem Lukas berichtet, und den Knaben, von dem Matthäus erzählt, der keineswegs aus Nazareth kam und nur in Bethlehem geboren ist, sondern in Bethlehem wohnhaft war, später aber mit der anderen Individualität verschmolzen ist. Die Brüdermärchen können helfen, dieses schwer verständliche Christusmysterium zu verstehen.[146]

Verwandlungsmärchen

In den Märchen finden wir auch das Motiv von goldenen Zwillingen, die untereinander nicht differenziert sind, sondern ganz gleich und die auch gemeinsam das gleiche Schicksal erleiden – das der unaufhörlichen Vernichtung und Auferstehung in einer anderen Gestalt. Dabei handelt es sich meist um einen Knaben und ein Mädchen. Ein gutes Beispiel dafür ist das rumänische Märchen *Perlenreihen.*[147]

Dort werden die Kinder gegen ein Hündchen und ein Kätzchen ausgetauscht und im Stall erst den Pferden vorgeworfen, dann den Kühen und Schweinen. Alle Tiere machen ihnen ehrfurchtsvoll Platz, sodass sie schließlich im Mist vergraben werden. Aus dem Misthaufen wachsen zwei Apfelbäumchen mit goldenen Äpfeln. Diese werden gefällt, zu Brettern verarbeitet und die Bretter verbrannt. Zwei Fünkchen aus dem Feuer fliegen in den

Garten. An dieser Stelle wächst ein goldenes Basilienkraut, das von einem Lämmlein gefressen wird. Das Lämmlein bekommt nun goldene Wolle und wird geschlachtet. Ein kleines Stückchen der Eingeweide löst sich beim Waschen im Fluss und schwimmt davon. Daraus entstehen schließlich wieder die goldenen Kindlein. Es liegt hier der Akzent auf dem Zerstörungswillen der Welt und auf der Unzerstörbarkeit der beiden Kinder. Ähnlich ist der Verlauf in einem Märchen aus Siebenbürgen *Die beiden Goldkinder.*[148]

Doppelgänger

Was es im Märchen nicht gibt, ist der sogenannte «Doppelgänger». Der Doppelgänger ist eine astralische oder ätherische Abspaltung, die durch ahrimanische Einwirkung Menschenform annehmen kann. Ahriman, der Regent der materiellen Welt, möchte alles in quasi-physischer Gestalt erscheinen lassen. Doppelgänger-Erlebnisse sind mehrfach in der Literatur geschildert, z. B. in dem Gedicht *Begegnung* von C. F. Meyer oder in *Spiegelbild* von Annette von Droste-Hülshoff. Auch in Goethes *Dichtung und Wahrheit* wird in einer Szene vorbeschrieben, wie Goethe seine Freundin Friederike in Sesenheim verlässt, die auf eine dauerhafte Verbindung mit ihm gehofft hatte. Als Goethe da durch den Wald ritt, begegnete ihm ein anderer Reiter, in dem er sich selbst erkannte, der aber so gekleidet ist, wie er es sein wird im nächsten Jahr, als er nochmals einen Besuch bei Friederike macht. Solche Erlebnisse sind seelischer Natur. Die Gestalten der Märchen aber haben keine Wesensglieder, kein differenziertes Innenleben. Sie sind, wie bereits ausgeführt wurde, reine Figuren.

Die zwei Gegenmächte

Im Goetheanum steht eine Holzskulptur, eine plastische Gruppe mit drei Figuren. Die mittlere stellt den Christus als Repräsentanten der Menschheit dar, die beiden anderen die Abweichung von diesem Urbild in zwei Richtungen: unten als teuflische Gestalt in einer Höhle, von Rudolf Steiner Ahriman genannt, oben der geflügelte Luzifer. Die rechte Hand des Christus hält den Ahriman unten gefangen, während er mit seiner Linken den Luzifer oben zum Stürzen bringt. Das Bild stellt die Erdenaufgabe des Menschen dar: nicht das Böse zu vernichten, sondern seinen Weg zwischen diesen beiden Widersachermächten, die beide den Menschen auf Abwege bringen, ihm aber auch etwas zu geben haben, zu finden. Dies entspricht auch dem Weltbild der Märchen, wie an einigen Beispielen gezeigt werden soll.

Das übliche religiöse Weltbild, gleich welcher Konfession, kennt im Allgemeinen nicht zwei Widersachermächte, sondern eine. Man sieht den Menschen eingespannt in die Gegensätzlichkeit von Gut und Böse, von Engel und Teufel. Im Märchen aber gibt es, wie in der Anthroposophie, zwei Möglichkeiten der Abirrung: zu weit nach oben oder zu weit nach unten, zu weit nach rechts oder nach links. Im Märchen vom *Wasser des Lebens*[149] ist es entscheidend, dass der «rechte Bräutigam» auf dem goldenen Mittelweg geritten kommt und weder rechts noch links daneben.

Ein schönes kleines Märchen zum Thema des Die-Mitte-Findens heißt *Schöner als Himmel und Erde* und stammt aus Apulien:

«Es waren einmal ein Mann und eine Frau. Lange Jahre warteten sie vergeblich auf ein Kind. Endlich wird ihnen ein Knabe geboren. Alle Leute kommen herbei, um das Kind zu sehen und zu bewundern.

In der ersten Nacht, als die Gäste fortgegangen sind und im Hause alles schläft, setzt sich eine große, weiße Frau neben das schlafende Kind. Sie legt ihm einen goldenen Stern zwischen die Augenbrauen, singt ein Wiegenlied und verlässt den Ort.

In der zweiten Nacht, als alles ruhig ist, stellt sich eine schwarze Frau neben die Wiege, zeichnet dem Kind einen schwarzen Punkt auf jeden Fuß, seufzt tief und geht von dannen.

In der dritten Nacht weint das Kind im Schlaf. Vater und Mutter aber hören es nicht. Da ist auf einmal ein Kind neben dem Neugeborenen, das zugleich weint und lacht. Das tröstet das Knäblein.»[150]

Dieser Märchenanfang stellt dar, wie der Mensch von vornherein in doppeltem Sinne begabt wird, dass es dazwischen aber noch eine dritte Kraft gibt, die die beiden anderen verbindet und die es zu ergreifen gilt. Es folgt nun der zweite Teil des Märchens mit einem ganz neuen Ansatz, und wir können feststellen, dass auch die Komposition des Märchens dem Inhalt entspricht: Es gibt zwei deutlich voneinander geschiedene Teile, das Wesentliche ist aber der dritte, durch den die beiden anderen verbunden werden.

«Als der Knabe herangewachsen ist, zieht er in die Welt hinaus. Er wandert und wandert, bis er in die Mitte der Welt kommt. Da steht ein prächtiger Apfelbaum. Hier will er das Apfelmädchen holen, das schöner ist als Himmel und Erde. Er geht den Wurzeln nach in die Tiefe, es wird immer dunkler, und seine Füße tun ihm weh. Mit äußerster Anstrengung kann er das Mädchen – schöner als Himmel und Erde – sehen, aber nur für die Zeit eines Mäusepfiffs. Er steigt wieder hinauf auf die Erde.

Da beschließt er, auf den Ästen in die Höhe zu klettern, aber je höher er kommt, desto mehr wird er vom Lichte geblendet, und der Stern zwischen den Augen brennt. Mit äußerster Anstrengung vermag er die Umrisse des Mädchens – schöner als Himmel und Erde – zu sehen, aber nur für die Zeit eines Vogelschreis. Er steigt hinab auf die Erde.»

Nun folgt der dritte Teil:

«Müde und elend lehnt er sich an den Stamm des Apfelbaums. Da fällt plötzlich ein Apfel herunter und heraus springt ein Mädchen, das ist schöner als Himmel und Erde. ‹Du hast mich erlöst›, spricht sie und umarmt ihn. ‹Es war höchste Zeit, wärest du bis Mitternacht nicht gekommen, wäre ich mein Leben lang eingeschlossen geblieben, wo es zu dunkel ist zum Leben und wo es zu hell ist zum Leben.›

Dann gehen sie Hand in Hand zurück in sein Land. Sie haben einander viel zu erzählen und manchmal weinen sie und manchmal lachen sie.»

Dieses Märchen bedarf keiner äußerlichen Deutung. Es spricht sich selbst aus. Man kann es in drei Teilen meditieren.

Die Geburt und Begabung des Kindes
Der Apfelbaum in der Tiefe und in der Höhe
Das Finden der Mitte, Erlösung und Heimweg

Auch das bekannte Grimm'sche Märchen von der *Kristallkugel*[151] ist auf einer Gegensätzlichkeit aufgebaut. Dort treten zwei Zauberer auf, genauer eine Zauberin und ein Zauberer. Die Zauberin hat drei Söhne, «die sich brüderlich liebten», also nicht eine Dreiheit, die eigentlich doch nur eine Zweiheit ist, indem die beiden Älteren den Jüngsten verleumden – wie sonst so oft in den Dreibrüdermärchen. Hier verhält es sich so, dass die Zauberin-Mutter sich gegen alle drei Söhne wendet. Sie verwandelt den Ersten in einen Adler, den Zweiten in einen Walfisch, beide haben nur zwei Stunden am Tage ihre menschliche Gestalt. Der Dritte fürchtet, ein wildes Erdentier zu werden, ein Bär oder ein Wolf, kann aber noch vorher entfliehen. Die Zauberin ist also eine solche, die das Menschliche ins Tierisch-Elementarische hinunterdrücken kann.

Der Jüngste, der offensichtlich eine Affinität zum Irdischen hat, flieht aber nicht einfach, sondern er hat auch ein Ziel. «Er hatte gehört, dass auf dem Schloss der goldenen Sonne eine verwünschte Königstochter säße, die auf Erlösung harrte: es müsste aber jeder sein Leben daran wagen ... Und da sein Herz ohne Furcht war, so fasste er den Entschluss, das Schloss zur goldenen Sonne aufzusuchen.» Der Weg ist aber schwer zu finden, lange irrt er vergeblich herum, kommt schließlich in einen endlosen Wald, eine dumpfe Übergangszone, wo er zwei streitende Riesen findet. Sie streiten um einen Hut – wie er hört, einen Wunschhut, mit dem man sich blitzartig an jeden Ort der Welt hinwünschen kann. Er soll nun deren Streit schlichten. Dazu lässt er sich den Hut geben, setzt ihn auf und entfernt sich eine Strecke mit dem Versprechen, er würde die Riesen nach einer Weile rufen, und welcher dann zuerst bei ihm sei, erhielte den Hut. Aber während er geht, vergisst er die Riesen, seufzt und spricht: «Ach, wäre ich doch beim Schloss zur goldenen Sonne.» Und auf der Stelle ist er dort.

Was hat es mit den Wünschen im Märchen auf sich? Zum Thema «Als das Wünschen noch geholfen hat» hat Franz Vonessen einen interessanten Aufsatz verfasst.[152] Der Grundgedanke, auf den ich mich beziehen möchte, ist, dass das Wünschen deshalb meist nichts hilft, weil man es zersplittert, weil man nicht aus ganzer Kraft ein Einziges wünscht. Dieser Gedanke wirft Licht auf die streitenden Riesen im Märchen, die nicht nur hier vorkommen, sondern auch in anderen Märchen, beispielsweise im *Trommler*. Es sind die Riesen der Entzweiung – wir können auch sagen «des Zweifels». Es geht hier also nicht darum, dass unser Märchenheld so schlau ist, dass er die beiden dummen Riesen «übers Ohr haut», sondern darum, sich mit ganzer Kraft auf ein Ziel zu konzentrieren. Dadurch wird die Zweiheit der Riesen, in der wir eine seelische Gespaltenheit sehen können, überwunden.

So kommt der jüngste Sohn also zum Schloss der goldenen Sonne. Die Sonne spendet das Licht, das die Welt sichtbar macht. Es ist die Aufgabe des Erdenmenschen, den Weg in die Sinneswelt durch die Goldkraft der Sonne zu gehen. «In uns wissen wir, dass die Kraft, die im Golde in ungeheuer feiner Dosierung im ganzen Weltenall ausgebreitet ist, unser Herz trägt, und damit das Bewusstsein aufrecht erhält, das wir haben, wenn wir im Tagesleben, im gewöhnlichen Tagesleben sind ... Durch das Gold nur sind Sie auf Erden.»[153]

Was wird uns mitgeteilt durch das Bild, dass ein Jüngling, impulsiert von starker Willenskraft, eine Königstochter sucht, die «Schönste von der Welt», im «Schloss zur goldenen Sonne» oder «die Königstochter vom goldenen Dach» (so in *Der treue Johannes*)? Im Märchen ist damit das Streben nach der Vollkommenheit der eigenen, weisheitsdurchdrungenen Seele, die unser Tagesbewusstsein trägt, angesprochen. In unserem Märchen aber erscheint dem Jüngling dieses Wesen nicht in seiner wahren Gestalt. Die Jungfrau, die er findet, ist abstoßend hässlich. Mir scheint, hier ist eine Art Schwellenhüter gemeint, ein Abbild seiner selbst mit allen Fehlern und Mängeln. Ihre Schönheit zeigt sich nur in ihrem Spiegelbild. Sie ist von einem bösen, hässlichen Zauber entstellt worden durch den zweiten, den männlichen Zauberer. Sie kann dem Jüngling aber mitteilen, wie sie erlöst werden kann: Er muss «die Kristallkugel» gewinnen.

Was ist eine Kristallkugel? Rudolf Geiger hat in seiner *Märchenkunde*[154] eine sehr schöne Betrachtung darüber geschrieben und darin hervorgehoben, dass ein natürlicher Kristall nie in Kugelform auftritt. Die Kugel ist eine rein kosmische Form, während Kristallines immer Ecken und Kanten hat und die Kugelform nur durch menschliche Bearbeitung, durch Schleifen und Polieren erhalten kann. Die «Kristallkugel» verweist auf die Ich-Kraft, genauer gesagt auf einen Gegenstand, in dem Menschliches und Natürliches, das heißt Ich und Welt, vereinigt sind. Ich und Welt zu vereinigen ist das höchste Ziel menschlichen Strebens. Diese Kristallkugel muss dem Zauberer, in dem wir im Gegensatz zur luziferischen Zauberin sicher Ahriman sehen dürfen, vorgehalten, das heißt «gezeigt» werden. Dann verliert er seine Macht und alles, was verzaubert ist, wird erlöst.

Und wie erlangt man nun diese Kristallkugel? Der Jüngling erfährt es von der verzauberten Prinzessin. Am Fuße des Berges, auf dem das Schloss zur goldenen Sonne steht, entspringt eine Quelle, und bei der Quelle lebt ein wilder Auerochse. Dieser muss getötet werden. Die Prinzessin sagt: Wenn du in den Abgrund steigst und den Drachen (Auerochsen) in dir tötest, werde ich erlöst. Das erfordert einen Kraftakt aus Willenstiefen, den der Jüngling vollbringen muss und auch vollbringt – aber für alles Weitere braucht er brüderliche Hilfe. Wir sehen, dass wir die drei Brüder auch in gewisser Hinsicht als ein einheitliches Wesen ansehen dürfen. Aus dem Leibe des Auerochsen erhebt sich der Feuervogel, ein Wesen des Feuers und der Luft, das aber in dem Ei, das es im Leibe trägt, die Kristallkugel birgt. Nun stürzt der Bruder Adler herab und nötigt den Vogel, das feurige Ei fallen zu lassen. Das Ei fällt auf eine Fischerhütte, die sofort in Flammen steht, worauf Bruder Walfisch eingreift und die Hütte überschwemmt. In den Trümmern findet der Jüngling das Ei, dessen Dotter noch unbeschädigt ist. Wir erfahren also im zweiten Teil des Märchens, dass die Kristallkugel nur durch einen Gang durch die Elemente, durch Luft, Wasser und Feuer zu gewinnen ist.

«Als der Jüngling zu dem Zauberer ging und sie ihm vorhielt, so sagte dieser: ‹Meine Macht ist zerstört, und du bist von nun an König im Schloss der goldenen Sonne. Auch deinen Brüdern kannst du die menschliche Gestalt damit zurückgeben.› Da eilte der Jüngling zu der Königstochter, und als er in ihr Zimmer trat, so stand sie da in vollem Glanze ihrer Schönheit, und beide wechselten voll Freude ihre Ringe miteinander.»

Im *Hohelied der Liebe* bei Paulus heißt es, wie als Kommentar zum Abschluss dieses Märchens: «Jetzt sehen wir noch alles wie in einem Spiegel in dunkeln Konturen, dann aber von Angesicht zu Angesicht. Jetzt ist mein Erkennen Stückwerk. Dann aber werde ich im Strome des wahren Erkennens stehen, wo Erkennen und Erkanntwerden eins sind.»

Und auch in dieser Erzählung haben wir zwei Teile und eine Mitte. Die Mitte ist die Begegnung mit der Königstochter auf dem Berge im Schloss zur goldenen Sonne. Der Weg, der dorthin führt, erfordert eine Konzentration im Denken. Dann folgt eine Art Schwellenübertritt. Und auf der anderen Seite des Berges ist eine dreifältige Willensübung gefragt: Die Besiegung des Auerochsen, die Bedrängung des Feuervogels, die Auffindung der Kristallkugel. Damit sind beide Zauberer besiegt und mit Hilfe der Kristallkugel ist die Mitte gewonnen: die Braut – schöner als Himmel und Erde.

Das Märchen von der Kristallkugel beginnt mit einer Drei, die, unter Besiegung der doppelten Widersachermächte, zur Einheit verschmilzt.

Das verborgene Bildnis

Es wurde bereits im ersten Kapitel ausgeführt, wie ein Märchen fast immer damit beginnt, dass einer sich auf den Weg macht, aber dass der Antrieb dazu sehr verschieden sein kann. Hier wollen wir das Motiv des Jünglings betrachten, der irgendwo das Bildnis einer schönen Frau erblickt hat und nun alles dafür einsetzen will, sie zu erlangen. Es ist das Helena-Motiv aus Goethes *Faust*. Vielleicht kann man sagen, dass jeder Mann ein inneres Frauenbild in sich trägt, nach dem er insgeheim strebt, ohne dass er in der Lage ist, zu sagen, wie es genau aussieht. «Die Schönste von der Welt», heißt es im Märchen. Wie sieht diese aus? Wer kann das wissen, denn es ist ja ein «unsichtbares Bild». Man kann hier verstehen, was Antoine de Saint-Exupéry in *Der kleine Prinz* aussagt: «Das Wesentliche ist für die Augen unsichtbar.» Nur mit den inneren Augen kann man es sehen. Es sollen nun einige Märchen vorgestellt werden, in denen ein solches Bild der handlungsauslösende Faktor ist.

Es ist interessant, dass in solchen Märchen häufig ein Berater oder geistiger Führer eine wesentliche Rolle spielt: ein ausgesprochen rosenkreuzerisches Motiv.

Der treue Johannes

Im Märchen *Der treue Johannes*[155] bittet der alte kranke König auf dem Totenbett seinen liebsten Diener, genannt «der treue Johannes», er möge nach seinem Tode dem Königssohn das ganze Schloss mit allen seinen Schätzen zeigen – mit Ausnahme eines einzigen Raumes, in dem das Bildnis von der «Königstochter vom goldenen Dach» verborgen ist.

Wer ist der «treue Johannes»? Es ist eine Gestalt, bei der man sich auch einen Rosenkreuzer vorstellen könnte. Ganz sicher gab es immer wieder solche, die als selbstlose Berater an Königshöfen tätig waren. Ich las einmal, dass auch der Schwedenkönig Gustav Adolf einen solchen Berater hatte. Aber diese Dinge sind sehr schwer historisch zu belegen.

Fahren wir mit dem Märchen fort. Wir können es uns fast denken: Der Königssohn merkt, dass ihm etwas verheimlicht wird, und erzwingt den Eintritt in das Zimmer. Aber sowie er das Bild der Königstochter erblickt hat, das so schön ist, und so gemalt, als ob es leibte und lebte, fällt er ohnmächtig zur Erde. Als er wieder zu sich kommt, sind seine ersten Worte: «Meine Liebe zu ihr ist so groß, wenn alle Blätter an den Bäumen Zungen wären, sie könnten's nicht aussagen, mein Leben setze ich daran, dass ich sie erlange. Du bist mein getreuester Johannes, du musst mir beistehen.» Der treue Johannes ist sozusagen der Hüter dieses Bildes.

Ihm gelingt es auch wirklich, mit dem Schiff den Ort zu erreichen, wo das Schloss der Königstochter vom goldenen Dach sich befindet, und die Prinzessin von dort zu entführen. Sie gewinnt den Königssohn lieb und ist bereit, ihm in seine Heimat zu folgen. So weit, so gut. Aber damit ist das Märchen nicht zu Ende, es folgt noch ein zweiter Teil.

Auf der Heimfahrt hört der treue Johannes, der vorn auf dem Schiff sitzt und Musik macht, eine Rabenbotschaft. Drei Raben sprechen miteinander, und er kann deren Sprache verstehen:

«Ei, da führt er die Königstochter vom goldenen Dache heim.»

«Er hat sie noch nicht.»

«Er hat sie doch, sie sitzt bei ihm im Schiffe.»

«Was hilft ihm das? Wenn er an Land kommt, wird ihm ein fuchsrotes Pferd entgegenspringen, da wird er sich aufschwingen wollen, und tut er das, so sprengt es mit ihm fort und in die Luft hinein, dass er nimmermehr seine Jungfrau wiedersieht.»

«Ist gar keine Rettung?»

«O ja, wenn ein anderer schnell aufsitzt, das Feuergewehr, das in den Halftern steckt, herausnimmt und das Pferd damit totschießt, so ist der junge König gerettet. Aber wer weiß das? Und wer's weiß und sagt's ihm, der wird zu Stein von den Fußzehen bis zum Knie.»

– «Und wenn auch das Pferd getötet wird, so behält der König doch nicht seine Braut. Wenn sie ins Königsschloss kommen, so liegt da ein Brauthemd in einer Schüssel, sieht aus, wie aus Gold und Silber gewebt, ist aber nichts als Pech und Schwefel. Wenn er's antut, verbrennt er bis auf Mark und Knochen.»

«Ist da gar keine Rettung?»

«O ja, wenn einer mit Handschuhen das Hemd packt und wirft es ins Feuer, dass es verbrennt, so ist der junge König gerettet. Aber wer das weiß und es ihm sagt, der wird halben Leibes Stein vom Knie bis zum Herzen.»

– «Ich weiß noch mehr. Wird das Brauthemd auch verbrannt, so hat der junge König seine Braut doch noch nicht. Wenn nach der Hochzeit der Tanz anhebt, und die junge Königin tanzt, wird sie plötzlich erbleichen und wie tot hinfallen. Hebt sie dann nicht einer auf und saugt ihr aus der rechten Brust drei Tropfen Blut und speit sie wieder aus, so stirbt sie. Aber verrät das einer, der es weiß, so wird er ganzen Leibes zu Stein vom Wirbel bis zur Fußzehe.»

Der getreue Johannes hatte das alles wohl verstanden. Von da an war er still und traurig, denn verschweigt er seinem Herrn, was er gehört hat, so wird dieser unglücklich, entdeckt er es ihm, so muss er selbst sein Leben hingeben. Endlich aber spricht er bei sich: «Meinen Herrn will ich retten, und sollte ich selbst darüber zugrunde gehen.»

Wir wissen, dass jeder, der auf einem Märchenweg unterwegs ist, eine Prüfung bestehen muss. Hier muss der junge König keinen Drachen töten oder einen Frosch heiraten.

Das Verhältnis des treuen Johannes zum Königssohn ist offensichtlich ein solches wie in früheren Zeiten das von Meister und Schüler. Dabei war es die Aufgabe und Prüfung des Schülers, absolutes Vertrauen zum Meister zu haben. Und auf diesem Gebiet versagt der Königssohn. Dass der treue Johannes das Pferd tötet und das Brauthemd verbrennt, nimmt er noch an. Aber das Aussaugen der Blutstropfen erträgt er nicht. Der treue Johannes wird zum Tode verurteilt. Aber ehe er gehängt wird, spricht er, und dadurch wird er in Stein verwandelt.

Nun merkt der junge König, wie treu Johannes ihm gedient hatte und wie schlecht er ihm das gelohnt hatte. Er erfährt, dass das nur durch ein Blutopfer gut gemacht werden kann. Wenn das Königspaar seine beiden Söhnlein opfert und den zu Stein gewordenen Johannes mit dem Blut bestreicht, kann er erlöst werden. «Wir sind es ihm schuldig wegen seiner großen Treue», beschließen sie. So wird der treue Johannes wieder lebendig, aber auch die Söhnlein werden wieder geheilt und spielen weiter, als sei nichts geschehen. «Da lebten sie zusammen in Glückseligkeit bis an ihr Ende.»

Der dankbare Tote

Betrachten wir ein anderes Märchen, *Der dankbare Tote* aus Norwegen:[156]

«Es war einmal ein Bauernjunge, dem träumte, dass er eine Königstochter aus einem weit entfernten Land kriegen sollte, die war rot und weiß wie

Milch und Blut und so reich, dass ihr Reichtum nie zu Ende gehen würde. Als er aufwachte, stand ihr Bild immer noch ganz lebendig vor ihm und war von solcher Schönheit, dass er meinte, er könne nicht leben, wenn er sie nicht bekäme. Da verkaufte er alles, was er hatte, und reiste in die Welt hinaus, um sie zu suchen. Er wanderte weit umher und kam schließlich in ein Land, wo alle Straßen geradeaus gingen und keinerlei Biegung machten.»

Im letzten zitierten Satz ist eine interessante Bemerkung enthalten, und Max Lüthi schrieb dazu: «Das Land, in dem alle Straßen geradeaus gehen und keinerlei Biegung machen, ist in seiner Linienschärfe und Unbedingtheit eine Art Urbild des Märchenlandes überhaupt.»[157] Diese Straßen sind ja nicht geografisch zu sehen, sondern sind vom Ziel her definiert. Wenn «das Geistige im Menschenwesen» zum «Geistigen im Weltall»[158] wandert, verlaufen die Straßen dorthin immer geradeaus.

Auf einer solchen Straße kommt der Bursche schließlich in eine Stadt, in der vor der Kirchentür eine Leiche liegt, die in einen Eisklumpen eingefroren ist, und alle Leute spucken darauf. Auf seine Frage hin erfährt er, dass der Verstorbene im Leben ein Weinhändler war, der Wasser in den Wein gepanscht hatte. Das scheint dem Jungen nun nicht eine so große Missetat zu sein, dass sie eine solche Strafe verdiente. Er wird von Mitleid ergriffen und gibt sein gesamtes Geld aus, um für diesen Toten die Bestattung zu bezahlen.

Später gesellt sich ihm ein Weggefährte zu, ohne den er nie zu der gesuchten Prinzessin hätte gelangen können. Denn es zeigt sich, dass sie aus der Welt der Trolle geholt werden und vom Trollzauber befreit werden muss – was der Bursche ohne den Helfer weder gewusst noch gekonnt hätte. Es ist der dankbare Tote, der für ihn ein Führer in die Jenseitswelt wird.

Hier ist es also ein Traumbild, dem der Bursche nachgeht, und Prüfung und Hilfe haben zweifellos eine sehr andere Qualität als beim *Treuen Johannes.*

Meinertreu

Wieder anders ist das Bildmotiv gestaltet in dem Märchen *Meinertreu.*[159] Meinertreu ist das 13. Kind armer Leute. Darin ist das Märchen vergleichbar mit der Schweizer Erzählung *Tredeschin.* Als die Eltern keinen Paten für ihr Kind finden können, erklärt sich ein grauer Bettler bereit, dies Amt zu übernehmen. Solche «grauen Männer» spielen eine besondere Rolle in den Märchen. Sie können meist guten Rat geben, haben als Pate geheimnisvolle

Geschenke bereit, auch wenn sie «Bettler», d.h. äußerlich unscheinbar und unbedeutend sind.

Als der Junge in unserem Märchen *Meinertreu* 14 Jahre alt geworden ist, bekommt er sein Patengeschenk, ein graues Pferdchen, und reitet damit in die Welt hinaus. Er kommt durch einen dunklen Wald. Das Pferdchen geht ganz langsam. Da liegen im Moos auf einmal drei golden schimmernde Pfauenfedern. Meinertreu will abspringen und sie aufheben. «Lass sie liegen», sagt das Pferdchen, «du würdest es bereuen.» Aber er hat sie schon aufgehoben. «Und das war seltsam: wenn er eine Feder allein anschaute, war es eine goldene Pfauenfeder, wenn er die drei zusammenlegte, glänzte daraus das Angesicht einer Jungfrau. Die war so schön, wie er noch nie eine gesehen hatte. Und sorgfältig steckte er die Federn in seine Tasche.»

Er kommt in eine Stadt und verdingt sich beim Stallmeister des Königs als Pferdeknecht. Dafür darf er sein Pferdchen einstellen und wohnt in einer Kammer im Stall. Eines Nachts entdeckt er, dass seine Pfauenfedern im Dunkeln leuchten. Da beginnt er, das schöne Mädchenbild abzumalen. Im dunklen Wald hatte er das Bild gefunden, nun prägt er es sich durch die Nächte ein. Als er es gerade dreißig Mal gezeichnet hat, wird er erwischt. Man darf im Stall kein Licht haben, und der Stallmeister hatte heimlich in die Kammer geschaut und dem König erzählt, was er gesehen hat. Der König verlangt nun von dem Burschen, er solle die Jungfrau herbeischaffen.

Verzweifelt erzählt dieser davon seinem grauen Pferdchen. Das weiß Rat. Er muss ein Schiff beschaffen und sie fahren übers Meer. Das Pferdchen verwandelt sich dazu in ein graues Hündchen. Es werden Wölfe, Bären und Riesen besänftigt und der Schlangengraben überquert. Die Jungfrau, die Schönste und Klügste der Welt, stellt vielerlei Bedingungen, lässt sich dann aber doch mitnehmen. Beim König angekommen, der sie sogleich heiraten will, gibt es weitere Bedingungen. Meinertreu muss auch noch ihr diamantenes Schloss übers Meer herbeischaffen und das Wasser des Lebens und das Wasser des Todes holen. All dies könnte er unmöglich ohne seinen guten Helfer bewältigen.

Nun soll das Wasser des Todes ausprobiert werden – natürlich an Meinertreu. Er fällt also tot um, aber durch das Wasser des Lebens wird er wieder lebendig und ist viel schöner als zuvor. Der König möchte das auch erleben, und so geschieht es. Damit nicht zufrieden, will er seine Schönheit noch weiter steigern. «Wie du willst», sagt die Jungfrau und besprengt ihn mit dem Wasser des Todes. Jetzt aber ist kein Wasser des Lebens mehr übrig. «So bleibe denn tot, was tot ist», sagt die Jungfrau, «und überdies, ist nicht der

der wahre König, der mein Bild hatte? Der mich holte vom Ende der Welt, der mein diamantenes Schloss herüberbrachte und den Schlüssel dazu hatte und der Wasser des Todes und Wasser des Lebens fand? Ist nicht der der wahre König?» «Ja», riefen alle, «Meinertreu ist der wahre König.» Und so hielt Meinertreu Hochzeit mit der Schönsten und Klügsten der Welt. Der alte König hatte sich durch seine Unersättlichkeit selbst gestraft.

Im Gegensatz zum *Treuen Johannes* hat in der Erzählung von Meinertreu der Held der Geschichte das Bild, dem er folgt, selbst geschaffen.

Die weiße und die schwarze Braut

Ähnlich ist es im Grimm'schen Märchen *Die weiße und die schwarze Braut.*[160] Es handelt von einer garstigen Frau, die eine eigene Tochter und eine Stieftochter hat. Natürlich ist die eigene Tochter schwarz und hässlich, die gute Stieftochter aber weiß und schön. Die Stieftochter hat einen Bruder namens Reginer, den liebte sie sehr und er sie. Nun sprach Reginer einmal zu ihr: «Liebe Schwester, ich will dich abmalen, damit ich dich beständig vor Augen sehe, denn meine Liebe zu dir ist so groß, dass ich dich immer anblicken möchte.» Da antwortete sie: «Aber ich bitte dich, lass niemand das Bild sehen.» Er malt nun ihr Bild und hängt es in seiner Stube auf. Er ist aber Kutscher des Königs und wohnt in des Königs Schloss neben dem Stall. Nun geschieht es wie bei Meinertreu. Der König bekommt das Bild zu sehen und begehrt das schöne Mädchen zur Frau. Aber die Stiefmutter will dieses Glück ihrer eigenen Tochter zuwenden. So werfen sie das arme Mädchen ins Wasser und schieben dem König die falsche Braut unter. Die weiße Braut aber verwandelt sich in eine Ente, die täglich durch die Gosse in die Küche schwimmt und mit dem Küchenjungen spricht. Dieser berichtet dem König davon. Der kommt und erlöst die verzauberte Jungfrau, indem er ihr den Kopf abschlägt. Da verwandelt sie sich in das schöne Mädchen, die wahre Braut, die er heiratet, während Stiefmutter und Stiefschwester bestraft werden.

Wir haben hier vier verschiedene Märchen mit der Gemeinsamkeit, dass die Braut, nach der die Sehnsucht des Märchenhelden verlangt, zunächst als Bild erlebt wird, das erst durch den Willen des Helden in Wirklichkeit verwandelt wird. Das Bild aber ist sehr verschiedener Herkunft. Beim *Treuen Johannes* ist es in einer geheimen Kammer des Schlosses verborgen. Vielleicht haben wir auch in unserem Innenleben eine solche Geheimkammer.

Wenn es die nicht gäbe, könnte man auch nicht davon träumen, wie es im Märchen vom *Dankbaren Toten* geschieht.

Rätselhaft ist im Märchen *Meinertreu* das Motiv der drei aufeinandergelegten Pfauenfedern. Der Pfau mit den vielen Augen auf den Federn ist ursprünglich im Sinne der Rosenkreuzer ein Symbol der Imagination.[161]

Mit den übersinnlichen Wahrnehmungen aber droht natürlich zugleich die Gefahr der Eitelkeit und Überheblichkeit, und an diese Eigenschaften denken wir primär, wenn es um den Pfau geht. In unserem Märchen ist das Bild aber sicher im ursprünglichen Sinne gemeint. Meinertreu erlebt nächtliche Bilder, aus denen er durch Anstrengung sein eigenes Bild gestaltet, und zwar wieder und wieder. Es kommt dabei auf den Prozess an, nicht auf das Ergebnis. Das Ganze findet im Pferdestall statt, dort wo die Gedankenrösser gepflegt werden. Und entsprechend ist es auch bei Bruder Reginer, der malend nach dem Bild der Seelenschwester tastet.

Bei diesem letzten Märchen entfällt auch das Motiv des geistigen Führers. Beim *Treuen Johannes* stammt diese Beziehung schon vom Vater und muss durch den Sohn neu erworben werden. Beim grauen Bettler/grauen Pferdchen/grauen Hündchen werden wir durch die Farbe Grau auf die Rosenkreuzer verwiesen, indem das Grau als Mischung von Schwarz und Weiß sowohl auf das Sinnliche als auch auf das Geistige hinweist. Hilfreiche graue Männlein kommen in den Märchen häufig vor, z. B. in *Die goldene Gans, Die weiße Taube, Das Wasser des Lebens, Der Vogel Gryff.*

Der «dankbare Tote» wiederum ist eine Zwischengestalt, die aus dem Sinnlichen ins Geistige führen möchte.

Christliche Motive im Volksmärchen

Das religiöse Element im Märchen hat keinerlei konfessionellen Charakter, schon deshalb, weil nicht Himmel und Erde, Diesseits und Jenseits, Sinnliches und Übersinnliches unterschieden werden, sondern alles auf einer Ebene dargestellt wird. Das Märchen ist ein Ausdruck von spirituellen Geheimnissen, die jenseits jeglicher Dogmatik aus der umfassenden Geistesströmung des esoterischen Christentums gewachsen sind. Allerdings können durchaus gewisse religiöse Gruppierungen impulsierend gewirkt haben, besonders solche, die als sogenannte «Ketzerbewegungen» unter Verfolgung zu leiden hatten. Beispielsweise wird in Rudolf Steiners Mysteriendrama *Die Prüfung der Seele* dargestellt, dass die Templerbrüder im Volke Märchen verbreiteten. Rumänische und bulgarische Märchen tragen oft den Stempel des manichäischen Christentums der Bogumilen, die südfranzösischen der Katharer. Und vom 14. bis 16. Jahrhundert haben die Rosenkreuzer Christliches in das vorhandene Märchengut einströmen lassen.

Es handelt sich, wie oben erwähnt, nicht um ein dualistisches, sondern ein monistisches Christentum. Religiös gesprochen bedeutet das: Gott hat die Welt geschaffen, indem er in sie ausgeflossen, emaniert ist. Nicht nur in jedem Menschen lebt ein Funke des Göttlichen, auch die ganze Welt ist von göttlicher Substanz durchdrungen. Sich so in die Bildsprache einzuleben, dass man sie unmittelbar versteht und keiner Deutung bedarf, erscheint mir wie das Einüben eines religiösen Lebensgefühls. Es fördert die Grundstimmung, dass die Welt sinnvoll, weil geistdurchdrungen ist.

Betrachten wir unter dem Aspekt des Christlichen die charakteristische Komposition des Märchens. Es ist bekannt, dass Märchen einen fest strukturierten Aufbau haben, «sodass die Zusammenfügung, die Komposition gemäß den geistigen Geheimnissen ist».[162] Dasselbe kann man vom christlichen Kultus, der Messe, sagen, gleichgültig vor welchem konfessionellen Hintergrund. Deren Ablauf besteht immer aus der Viergliederung: Evangelium – Opferung – Wandlung – Kommunion. Das Messopfer ist damit ein äußerer, bildhafter Ausdruck für die Initiation, die Einweihung.[163]

Das Evangelium ist eine Botschaft, eine Verkündigung. In einem nächsten Schritt kommt es darauf an, was der Mensch von sich aus dieser Verkündigung an Eigeninitiative entgegenbringen kann: er muss sich innerlich öffnen, ein Opfer bringen. Dann fühlt der Mensch in sich die göttliche Substanz, die sich ihm anverwandelt: Wandlung. Und schließlich verbindet sich das Geistige, das verkündigt worden ist, mit dem Menschen, er nimmt es in sich auf: die Kommunion.

Betrachten wir parallel dazu das Märchen: Zunächst wird in wenigen Sätzen die Grundsituation skizziert. Handelt es sich um einen König oder einen Holzhauer, und was für Probleme liegen vor? Dann tritt der Held (die Hauptperson) in Aktion und fühlt sich zum Handeln aufgerufen. Er verlässt die Geborgenheit seiner Häuslichkeit und wird vor schwierige Aufgaben und Prüfungen gestellt, die er mit Mut angeht. Manchmal genügt dazu sein Selbstvertrauen: «Was ich will, das kann ich» oder «Für meinen Vater wage ich den Kopf». Manchmal jedoch ist die Lage absolut hoffnungslos, doch gerade im Augenblick größter Ohnmacht, wenn er sich hinsetzt und weint, erscheint plötzlich ein Helfer. «Wenn die Not am größten ist, ist Gottes Hilfe am nächsten.» Das kann man im Märchen immer wieder erleben, auch wenn nicht Gott persönlich auftritt, sondern ein hilfreiches Tier oder ein anderes Wesen. Es geht also einerseits um den persönlichen Einsatz, andererseits um das Vertrauen in die Hilfe einer höheren Macht. In beiden Fällen muss ein opfervoller Prüfungsweg angetreten werden. Dieser führt zu einer Wandlung und schließlich zur Lösung, der Erlösung. Der Abschluss ist dann die Verbindung mit der ersehnten Braut oder dem Bräutigam im Sinne einer Kommunion.

Ich möchte betonen, dass ich keineswegs behaupten will, das Märchen sei nach dem Vorbild der heiligen Messe aufgebaut. Aber der Gang durch diese Stufen ist eine Urgebärde in allen menschlich-sozialen Prozessen. Und es könnte doch sein, dass sowohl dem christlichen Kultus als auch dem Märchen die gleichen Kompositionsgeheimnisse zugrunde liegen, und zwar Kompositionsgeheimnisse, die letztlich Einweihungsgeheimnisse sind.

Man kann sich vorstellen, dass in einem Kind, dem regelmäßig solche Geschichten erzählt werden, Vertrauen und Lebenssicherheit veranlagt werden – Trost und Kraft, die Lebensaufgaben zu bewältigen. Das ist auch die Grundstimmung eines religiösen Menschen. Dieser Versuch, christlich-religiöse Elemente in Stil und Komposition des Märchens aufzufinden, ist natürlich sehr subtil und wohl nicht für jedermann ganz leicht nachzuvollziehen. Mir scheint aber, dass wir dadurch eine Erklärung für die Erfahrung finden können, die schon viele Menschen gemacht haben, dass nämlich Märchen seelisch harmonisierend, ausgleichend, ja sogar heilend wirken können.

Der Jüngling und das große Tier mit dem Menschenkopf

Ich möchte nun als Beispiel für das Christliche im Märchen ein Märchen aus der Gascogne mit einem zentral christlichen Motiv bringen: *Der Jüngling und das große Tier mit dem Menschenkopf.*[164]

Die Erzählung handelt von einem Jüngling, der tapfer, schön und klug, aber arm wie eine Kirchenmaus ist. In der Gegend, in der er lebt, gibt es in den Bergen eine Höhle voll mit Gold, die von einem großen Tier mit einem Menschenkopf bewacht wird. Das Tier hat die Hälfte seines Goldes demjenigen versprochen, der ihm drei Fragen beantworten kann. Wer stumm bleibt, den wird das Tier mit Haut und Haaren auffressen. Es ist also eine Art Sphinxwesen. Die Leute haben dem Jüngling schon oft geraten, den Versuch zu wagen und damit seine Armut zu beenden, aber der Jüngling antwortete stets: «Danke, ich habe keine Lust, mich lebendig fressen zu lassen.» Dann aber verliebt er sich in die Tochter eines Edelmanns, die er nur zur Frau bekommen kann, wenn er Geld mitbringt. Da entschließt er sich, den Versuch zu wagen.

Es handelt sich also um ein Sphinxmärchen und der Jüngling ist ein neuer Ödipus. Diese Parallele geht so weit, dass eine der Fragen, die ihm gestellt werden, die bekannte Ödipus-Frage nach dem Menschen ist. Es wird zwar nicht berichtet, dass der Jüngling ein ausgesetztes Kind war wie Ödipus, aber er hatte nicht Vater noch Mutter. Seine Herkunft ist unbekannt.

Dank seiner Klugheit löst er die Rätsel der Sphinx, aber damit ist die Parallele zu der alten Sagengestalt auch schon am Ende. Er wird nicht wie diese von einer Prophezeiung oder einem Orakelspruch eingeholt, sondern sein Geschick nimmt im Weiteren eine ganz andere Wendung. Wichtig erscheint mir, dass der Jüngling das Gold nicht gewinnen wollte, um sich zu bereichern oder zu Macht und Ehren zu gelangen. Dies lehnt er ausdrücklich ab. Es ist die Liebe, die ihn schließlich veranlasst, «sein Glück zu versuchen». Aber auch jetzt handelt er nicht unbesonnen, sondern er holt sich Rat bei einem alten, erfahrenen Menschen, dem Erzbischof, und es wird betont, dass er sich später immer wieder an diesen Rat erinnert und ihn beherzigt. Die Antwort auf die Fragen aber findet er – wie Ödipus – durch seine eigene Klugheit.

Nachdem er die Fragen beantwortet hat, schließt er noch eine eigene, freie Handlung an, die der Ratgeber zwar als möglich hingestellt hatte, die aber nicht notwendig war, um sein Ziel, die Braut, zu erlangen. Er geht zwar dadurch ein neues Risiko ein, kann aber, wenn er erfolgreich ist, das Tier überwinden und nicht nur die Hälfte, sondern das gesamte Gold heimbringen. Er spricht: «Großes Tier mit dem Menschenkopf, du hast mich nicht in Verlegenheit bringen können. Jetzt nehme ich deine Stelle ein.»

Nun stellt er seinerseits drei Fragen an das Tier. Und es gelingt ihm: das Tier bleibt stumm, es kann die Fragen nicht beantworten. Damit ist es entmachtet. Es sinkt in sich zusammen und der Jüngling schlachtet es. Wenn es nun auch unseren zivilisierten Gemütern nicht behagt, dass der Jüngling dessen Blut trinkt, seine Augen und sein Gehirn aussaugt, und dass später seine Braut das Herz des Tieres roh zu essen bekommt, so sollten wir diese Gefühle doch überwinden und nur die Bildaussage verstehen: Der Jüngling nimmt die Kraft des Tieres in sich auf, das aus alter Zeit stammt und daher nicht mehr zeitgemäß ist. Dadurch verwandelt er diese «heidnische» Kraft in Gutes und wird unüberwindlich stark.

«Sieben Tage später feierte man die Hochzeit ... Später brachte die Frau sieben Kinder zur Welt, drei Knaben und vier Mädchen. Die drei Knaben wurden stark und kühn wie ihr Vater. Die vier Mädchen waren schön wie der lichte Tag. Sie verstanden, was die Vögel singen, und als sie das richtige Alter hatten, wurden sie mit Königen vermählt.»

Im Mittelpunkt dieses Märchens steht das Wechselspiel von Frage und Antwort – zwischen Tier und Jüngling, Jüngling und Tier –, das wir nun etwas genauer ins Auge fassen wollen.

Was sind es für Fragen?

Die erste lautet: «Was fliegt schneller als die Vögel, schneller als der Wind, schneller als der Blitz? – Die Antwort: «Das Auge».

Die zweite Frage: «Der Bruder ist weiß, die Schwester ist schwarz. Jeden Abend tötet die Schwester den Bruder, jeden Morgen der Bruder die Schwester, und doch sterben sie beide nie.» – Antwort: «Tag und Nacht».

Und die dritte: «Es kriecht bei Sonnenaufgang auf dem Bauch wie die Schlangen und Würmer. Es läuft am Mittag auf zwei Beinen wie die Vögel. Und bei Sonnenuntergang geht es auf drei Beinen davon» – Antwort: «Der Mensch».

Was muss man tun, um die Antwort auf diese Rätselfragen zu finden? Sie haben Bildcharakter und deswegen entstehen Vorstellungen in uns: Vögel, Wind und Blitz, Bruder und Schwester, Schlangen und Vögel. Die Aufgabe ist nun, die verschiedenen Erscheinungen und Abläufe eines Bildes durch einen Begriff zusammenzufassen. Die Lösung lässt sich finden, indem man seinen Verstand betätigt. Warum konnten die Menschen vor Ödipus die Sphinx-Fragen nicht beantworten? – Weil sie noch nicht denken konnten. Sie träumten noch in mythischen Bildern.

Aber der Jüngling in unserem Märchen kann denken, er lebt in einer späteren Zeit und kann die Rätsel der Sphinx lösen. Sodann nimmt er die Stelle des Fragenden ein: Welche Gegenfragen hat er sich erdacht? Es sollten die schwierigsten sein, die er ersinnen konnte. Wir müssen feststellen, dass sie nicht nur einen anderen Inhalt haben, sondern auch eine ganz andere Qualität als die Fragen des Tieres.

«Großes Tier mit dem Menschenkopf, was steht am ersten Anfang der Welt?» – Das große Tier mit dem Menschenkopf blieb stumm.

«Am ersten Anfang der Welt steht ein gekrönter König in rotem Gewande mit goldenen Streifen, er stellt sich zum Kampf bereit und schwingt ein großes Schwert. Er schaut zum Himmel, zur Erde und zum Meere. Aber der gekrönte König sieht nichts kommen. – Großes Tier mit dem Menschenkopf, was steht am anderen Ende der Welt?» – Das große Tier mit dem Menschenkopf blieb stumm.

«Am anderen Ende der Welt steht ein großer Rabe, der siebentausend Jahre alt ist, hoch oben auf dem Gipfel eines Berges. Er weiß und sieht alles, was geschehen ist und was geschehen wird. Aber der große Rabe, der siebentausend Jahre alt ist, will nicht sprechen. – Großes Tier mit dem Menschenkopf, sage mir, was singt die wilde Nachtigall am Karfreitag? Sage mir, was singt sie am Karsamstag? Sage mir, was singt sie bei Sonnenaufgang am Ostersonntag?» – Das große Tier mit dem Menschenkopf blieb stumm.

«Am Karfreitag singt die wilde Nachtigall das Leiden unseres Herrn Jesus Christus, der von Judas verraten wurde. Am Karsamstag besingt die wilde Nachtigall die sieben Schmerzen der Heiligen Jungfrau Maria. Am Ostersonntag bei Sonnenaufgang besingt die wilde Nachtigall die Auferstehung unseres Herrn Jesus Christus.» – Da sank das große Tier mit dem Menschenkopf in sich zusammen.

Diese Fragen sind auch für uns überraschend. Mit Klugheit allein ist da nichts auszurichten. So kommt es, dass sogar der Märchen-Sammler, Jean-François Bladé, der das Buch herausgebracht hat, sagte, die ersten zwei Fragen seien unverständlich.

Während die Lösung der Fragen des Tieres in einem kurzen Begriff bestand (z. B. «der Mensch»), kann hier die Antwort nur in Form von Bildern umschrieben werden. Der Jüngling fordert also die Umwandlung des intellektuellen Bewusstseins in ein Bildbewusstsein, ein imaginatives Bewusstsein: dasselbe, das man zum Verständnis von Märchen braucht.

Da ist die Frage nach dem Anfang der Welt. Hier sind wir mit unserem Erdenverstand am Ende. Die Wissenschaft kann uns höchstens einen Urknall bescheren. Es ist aber folgender Gedankengang möglich: Am ersten Anfang der Welt gibt es noch nichts Gewordenes, es gibt nur Möglichkeiten, zusammengezogene Tatkraft und die Bereitschaft, den Lebenskampf aufzunehmen. Der König, der beschrieben wird, ist wie ein geballter Wille. Alles ist noch möglich, aber noch nichts geschehen.

Wie steht es mit der zweiten Frage: Was steht am Ende der Welt? Der Rabe, der schon 7000 Jahre alt ist, hat die ganze Weltentwicklung mitgemacht. Er ist der Inbegriff der Lebenserfahrung. Die Weisheit der Welt ist in ihm versammelt, aber wir kennen sie nicht, denn sie liegt noch in der Zukunft.

Nun können wir weiterdenken: Wille und Weisheit müssen durch ein drittes Element in Bewegung gebracht und fruchtbar gemacht werden. Könnte die dritte Frage nicht auch lauten: Was steht in der Mitte der Welt? Die Antwort wäre dann: In der Mitte der Welt steht die Liebestat Christi auf Golgatha und die Verwandlung alles Irdischen durch die Auferstehung. «Wäre Christus nicht auferstanden, so wäre all mein Glaube eitel», so schrieb Paulus. Das Märchen vermittelt damit eine Botschaft, die an das *Hohelied der Liebe* erinnert: Gegenstandslos ist der Wille, unfruchtbar die Weisheit, wenn sie nicht durch die Liebe verbunden werden. Dies predigt aber nicht der Pfarrer von der Kanzel, sondern es klingt aus der Natur heraus im Gesang der wilden Nachtigall: ein zu Herzen gehendes Bild.

Zusammenfassend kann man sagen: Das Märchen schildert eine zweimalige Bewusstseinswandlung. Die erste Verwandlung besteht darin, aus einem alten nicht-denkenden Zustand zur Entwicklung des Verstandes zu kommen. Ein Bild muss gedanklich zusammengefasst werden, das fordert das Tier von dem Jüngling und dies hat die Menschheit, beginnend in der griechischen Zeit bis ins Mittelalter hinein, immer besser gelernt. Der nächste Schritt, der heute noch aktuell ist, aber mit dem Rosenkreuzer-Impuls begonnen hat, ist, vom abstrakten Denken wieder zu einer neuen Bildhaftigkeit zu kommen. Diese Fähigkeit wird für die Beantwortung der Fragen, die der Jüngling dem Tier stellt, verlangt. Wir können in dem Märchen auch die Aussage finden: Es ist sehr klug, was im Menschenkopf gedacht wird, aber es ist nicht die letzte

Entwicklungsstufe. Solange der Menschenkopf auf einem Tierleib sitzt, ist er menschenfresserisch und muss überwunden werden. Das rationale Denken kann nur zum Heile der Menschheit führen, wenn es weiterentwickelt wird ins Imaginative, zu einer neuen, ganzheitlichen Bildhaftigkeit.

Interessant ist nun, dass das Märchen offensichtlich dieses aktiv zu erwerbende, neue Bildbewusstsein als zum Christentum gehörig ansieht. Und ist das nicht auch überzeugend? Das Christentum ist keine neue Philosophie. Es stellt durch die Evangelien Bilder vor uns hin, deren Deutung durch den Verstand allein immer unbefriedigend bleiben muss. Im tieferen Sinn erschließen sie sich nur einer kontemplativen Betrachtung. Gedanken schließen ab, Bilder öffnen. Insofern sind die Antworten auf die Fragen des Jünglings nicht Mitteilungen, sondern Meditationen.

Die sieben Fohlen

Ein weiteres Märchen mit einem christlichen Motiv an zentraler Stelle ist das norwegische Märchen *Die sieben Fohlen.*[165]

Schon seit ältester Zeit war das Pferd eng mit dem Menschen verbunden. Die erste überlieferte Reiterdarstellung, eine Ritzzeichnung auf einem Knochen, stammt aus der Zeit um 2800 v. Chr. aus Susa (Iran). Plato sah im Pferd ein Bild der Seelenkräfte, die, ursprünglich kraftvoll und wild, gehütet, gezähmt und geordnet werden müssten. Es gab aber auch kein Tier, das sich so gut zähmen ließ, daher schrieb man ihm besondere Klugheit zu; gewohnte Wege fand es ganz von selbst.

Noch bis zur Goethezeit wurde das Pferd häufig als «Verkehrsmittel» eingesetzt. Man mietete sich ein Reitpferd für einen oder mehrere Tage, oder besser noch, man besaß selber eins. Mit den pferdegezogenen Postkutschen begann das öffentliche Verkehrswesen, und für Warentransporte und als Hilfe bei der Landarbeit wurde das Pferd noch bis in die Mitte des 20. Jahrhunderts ganz selbstverständlich verwendet. Das prägte das Bewusstsein der Menschen so stark, dass man, als der motorisierte Verkehr immer mehr überhandnahm, als Maßeinheit für die Stärke von Automotoren die Pferdestärken (PS) einsetzte.

Pferde sind also stark und sie sind klug. Im Märchen ist das Pferd oft des Menschen Freund und Berater. Daher kann man in ihm geradezu ein Bild des Denkens sehen, allerdings, da es Tiergestalt hat, zunächst mehr das eines ursprünglichen, instinktiven Denkens, einer leibgebundenen Weisheit, die ja in früheren Zeiten viel größer war als alles, was die Menschen später verstandesmäßig erklügelten. Im Zeitalter der Bewusstseinsseele müssen alle Instinkte vermenschlicht, vergeistigt werden. Das Märchenbild dafür ist, dass Tiere «erlöst», d.h. auf menschliches Niveau gehoben werden müssen. Das ist eine Aufgabe der Neuzeit, aber sie wurde offensichtlich schon vor Jahrhunderten, als die Märchen ihre Gestalt angenommen haben, als solche gesehen.

Betrachten wir das Märchen *Die sieben Fohlen* unter diesem Gesichtspunkt. Es ist ein «Pferdemärchen» und handelt von der Entwicklung, Verwandlung und Spiritualisierung des Denkens. Es ist also sehr aktuell. Und da es der Weg eines armen Burschen zum inneren Königtum ist, birgt es auch viel Zukünftiges, denn «arme Burschen», innerlich gesehen, sind wir heutzutage wohl alle.

Ich erinnere mich an die nachdenkliche Äußerung meines damals fünfjährigen Söhnchens: «Man denkt ja eigentlich immer.» Ja, man denkt immer. Wenn man in sich hineinschaut, dann tummelt sich dort eine Fülle von Gedanken. Meist huschen sie in großer Geschwindigkeit durch uns hindurch, ziemlich ungeordnet und undiszipliniert, wenn man sie nicht «hütet». So ist es verständlich, dass Rudolf Steiner als ersten Schritt zu einer Erziehung des Denkens Konzentrationsübungen, z.B. die erste der bereits oben erwähnten «Nebenübungen», angab: Man nehme einen einfachen Gedankeninhalt, z.B. einen Bleistift, und denke fünf Minuten darüber nach, ohne abzuschweifen. Jeder, der das versucht hat, wird wissen, dass es gar nicht so einfach ist. Man kann es als ebenso schwierig erleben wie in unserem Märchen das «Fohlenhüten».

Dort ist mit diesem Fohlenhüten aber noch eine spezielle Aufgabe verbunden, nämlich festzustellen, was die Fohlen essen und trinken. Wovon «ernährt» sich denn unser Gedankenleben? Nun, im Allgemeinen verdanken unsere Gedanken ihre Entstehung irgendwelchen Sinneswahrnehmungen. An diese knüpft man Begriffe und setzt sie in Beziehung zueinander. Das ist die gewöhnliche Art des Denkens. Bildhaft gesprochen: Die Gedanken «ernähren» sich von den Wahrnehmungen.

Was sagt unser Märchen dazu? Es war einmal ein armer Holzhauer, der hatte drei Söhne. Der Jüngste war Askeladden, das wissen wir ja schon. Eines Tages zog der Älteste in die Welt hinaus und suchte einen Dienst. Er kam zu einem Königshof und der König machte ihm das Angebot: «Wenn du meine sieben Fohlen einen ganzen Tag lang treu und gut hütest und mir am Abend sagst, was sie essen und trinken, so sollst du die Prinzessin zur Frau bekommen und das halbe Königreich dazu. Kannst du es aber nicht, so lasse ich drei rote Riemen aus deinem Rücken schneiden. Der Knabe meinte, das würde er schon fertigbringen.

Am nächsten Morgen ließ der Stallmeister die Fohlen aus dem Stall. Sie sprangen davon und der Junge hinterher, über Berg und Tal, durch Buschwerk und Dickicht. Mit der Zeit wurde der Junge müde, und das Fohlenhüten machte ihm nicht mehr so viel Spaß. Da kam er an eine Felsenkluft, dort saß ein altes Weib und spann mit einer Handspindel. Als sie ihn erblickte, rief sie ihm zu:

‹Komm her, komm her, mein lieber Sohn,
ich lause und ich kraul dich schon.›

Da ging der Junge zu ihr, ließ sich lausen und kraulen, und als es Abend wurde, meinte er, es sei wohl gut, jetzt direkt nach Hause zu gehen. Aber die Alte sagte: ‹Gleich werden die Fohlen wieder vorbeikommen, dann kannst du hinterherspringen und wenn der König fragt, was sie essen und trinken, zeigst du ihm dies.› Und damit gab sie ihm ein Krüglein mit Wasser und ein Büschel Moos.

Das fand der Junge gut, aber als er dem König das Wasser und das Moosbüschel zeigt, wusste dieser schon, wie er die Fohlen gehütet hatte, und er ließ ihn wegjagen, aber vorher schnitten sie ihm noch drei rote Riemen aus dem Rücken und streuten Salz hinein.

Als der Junge wieder nach Hause kam, kann man sich denken, wie ihm zumute war. ‹Einmal habe ich mir einen Dienst gesucht›, sagte er, ‹das werde ich nie wieder tun.›»

Dennoch sagte der zweite Sohn am nächsten Tag, nun wolle er auch einmal ausziehen und sein Glück versuchen. Nun, wir können uns vorstellen, wie es ihm dabei erging: genauso wie dem Ersten. Als er wieder zu Hause war, meinte Askeladden, nun sei er an der Reihe. Nur mit Müh und Not bekam er die Erlaubnis. Und so machte er sich auf den Weg.

Der König wollte ihn zuerst gar nicht nehmen, aber weil der Junge so bettelte, tat er es doch. Als nun Askeladden zu dem alten Weib mit der Handspindel kam und dieses ihn verlocken wollte, rief er: «Bleib mir vom Leibe, alte Hexe», und rannte weiter. Kurz darauf wandte das jüngste Fohlen sich nach ihm um und sprach: «Setz dich auf meinen Rücken, denn wir haben noch einen weiten Weg vor uns.» Und das tat er.

Diese Stelle ist der kritische Punkt auf dem Weg, der hier zurückgelegt werden muss. Bei der Felsenkluft wird ganz deutlich eine Schwelle überschritten. Die alte Frau ist eine Art «Hüter der Schwelle». Wir verlassen nun die Sinneswelt und kommen auf eine andere Ebene. Bis dahin war es vielleicht gar nicht so falsch, was die Brüder sagten. Sie haben es zwar nicht selbst beobachtet, aber es ist doch sehr wahrscheinlich: Was soll ein Pferd dort in der Einöde schon fressen und trinken außer Moos und Wasser? Darüber aber denkt Askeladden nicht nach, er lässt sich nicht von Trägheit verführen, er ist vollkommen konzentriert auf die Aufgabe, «dabei zu bleiben». Und plötzlich kommt ihm Hilfe «von der anderen Seite». Er kommt in den Bereich, wo die Gedankenwesen sprechend werden und ihn tragen.

In dieser neuen Welt ist zunächst nicht die Rede von «Berg und Tal, Buschwerk und Dickicht», sondern lange Zeit sieht er nichts und wieder nichts. In dem lange andauernden Nichts gibt es dann doch eine Unterbrechung, einen kleinen Innenraum unter einem Birkenbaumstumpf. Dort gewinnt er ein Schwert und dazu die Kraft, es zu handhaben. Und die Fohlen verraten ihm, dass sie eigentlich verwünschte Königssöhne sind, das bedeutet, er erkennt, dass das, was ihn bisher getragen hat, keine Naturkräfte sind, sondern in Wirklichkeit «verzauberte» Geisteskräfte. Das ist eine Erkenntnis, die man auch so ausdrücken könnte: «Ich verstehe nun, dass mein Denken nicht vom Gehirn hervorgebracht wird, sondern geistiger Natur ist und den Leib nur als Werkzeug benutzt.» – Nach dieser Unterbrechung geht die Reise wieder weiter. Sie geht weiter und weiter, bis ganz in der Ferne noch einmal eine Grenze überschritten werden muss: Es ist ein Fluss, über den ein goldener Brückenbogen führt.

Schließlich kommen sie zu einer Kirche, umgeben von einem abgeschlossenen Bezirk, einem «Kirchgarten». Dort weicht die Verzauberung. Die sieben Fohlen verwandeln sich in Königssöhne mit prächtigen Kleidern. Ihr wahres Wesen tritt hervor. Und nun wird auch klar, wovon dieses wahre Wesen sich ernährt.

Als die sieben Prinzen die Kirche betreten haben, steht ein Priester am Altar und sie empfangen von ihm Brot und Wein. Nach dem Segen verlassen sie die Kirche und verwandeln sich wieder in Fohlen. Askeladden geht auch hinaus, aber er nimmt ein Altarbrot und eine Flasche Wein mit.

Und nun kommt der Rückweg. Solange wir Erdenmenschen sind, muss jeder Weg in die geistige Welt auf die Erde zurückführen. Das Gewonnene muss mit den irdischen Verhältnissen verbunden, das heißt vermählt werden. Als Askeladden dem König Brot und Wein zeigt, weiß dieser, dass er die Fohlen treu und gut gehütet hat. Nun wird die Hochzeit in aller Pracht gefeiert. Askeladden aber hat noch einen Auftrag zu erfüllen, den er von den Fohlen bekommen hat.

Als er an der Hochzeitstafel sitzt, sagt er, er habe noch etwas im Stall vergessen. Dann geht er mit seinem Schwert hinunter und, so schwer es ihm auch fällt, er tut, was die Fohlen ihm aufgetragen hatten. Er schlägt allen sieben Fohlen die Köpfe ab und legt jeden Kopf zu dem Schwanz des Fohlens, zu dem er gehört. Da verwandeln sich die Fohlen wieder in Königssöhne: es sind die Brüder der Prinzessin.

Wie können wir diesen Vorgang verstehen? Mit der Kraft des auf dem Wege erworbenen Schwertes muss der Jüngling das leibgebundene (tierische) Denken «umstülpen». Das Obere kommt nach unten. Dadurch wird es dauerhaft aus einer instinktiven Kraft in eine königliche verwandelt.

Die königliche Hochzeit im Märchen kann durchaus auch im christlichen Sinne aufgefasst werden. Man kann daran denken, welche Rolle im Christentum des Mittelalters das Symbol der Hochzeit im Sinne der Vermählung der Jungfrau Menschenseele mit dem Christuswesen spielte. Jeder kannte das Gleichnis von den klugen und törichten Jungfrauen.

Ganz anders ist es mit der vorchristlichen Mythologie, die fast immer von Tragik durchzogen ist. Man denke nur an den Baldurmythos, die Siegfriedsage, Tristan und Isolde und andere keltische Sagen, den Kampf um Troja usw. Im Hintergrund steht dort immer der schmerzvolle Verlust des alten Hellsehens, der mit dem Abstieg in die materielle Welt verbunden war. Das Märchen hingegen endet mit der Erlösung im christlichen Sinne. Beim Märchen von den sieben Fohlen ist die Bedingung für die Vermählung die Erkenntnis, dass die menschliche Denkkraft sich letztendlich ernährt von Leib und Blut Christi. Das ist der Zukunftsaspekt, den das Märchen – im Gegensatz zum Mythos – der Menschheit vermitteln möchte.

Ein Märchen, in dem das so explizit thematisiert wird, ist eine Seltenheit. Ich kenne kein vergleichbares. Kirche – Priester – Sakrament sind – in diese Weltenfernen versetzt – jeglichen konfessionellen Charakters entkleidet und wirken als reines Bild.

«Das Grundverhältnis zur Welt steigt auf vom Erkennen zum Weltenkultus».[166] – «Dies ist mein Leib, dies ist mein Blut.» Hier geht es um die Verchristlichung der Welt bis ins Substanzielle hinein. An dieser können wir mitwirken, wenn wir alle Wege der Welt zu Ende gehen. Im Märchen von den sieben Fohlen spüren wir den Hauch des kosmisch-esoterischen Christentums, das in der Zeit des späten Mittelalters von den Rosenkreuzern gepflegt wurde. Daher halte ich es für berechtigt, dieses Märchen ein Rosenkreuzermärchen zu nennen.

Von der Taube

Schon in alter Zeit sah man in der Taube ein Bild des Geistigen, des Heiligen Geistes. Von der Taube überschwebt zu werden, hieß inspiriert zu sein. Im esoterischen Christentum suchte man durch den äußeren Christus den inneren Christus, der durch die Taube symbolisiert wurde.

Weil es ein so zentrales Motiv ist, soll dieses Buch durch eine kleine Taubenbetrachtung abgeschlossen werden. Es gibt ein Büchlein mit Sprüchen von Paul Eluard *Das Antlitz des Friedens* mit Zeichnungen von Pablo Picasso.[167]

«Ich kenne alle Orte, wo die Taube wohnt,
Und der natürlichste ist der Kopf des Menschen.»

So beginnt es.

Der Mensch lebt im Rhythmus von Tag und Nacht. Am Abend beim Einschlafen verlässt die bewusste Seele ihren Leib, am Morgen zieht sie wieder in ihn ein. Manchmal spürt sie beim Aufwachen deutlich, dass es ein erquickender Ort war, an dem sie inzwischen gewesen ist. Man hat so «süß» geschlafen, fühlt sich gestärkt und erfrischt, aber man weiß nicht, was es war und wo diese Kräfte geblieben sind.

Auf welchem Wege betritt die Seele wieder ihr Leibeshaus? Wie geschieht dies? Ich würde sagen, das Natürlichste ist der Eintritt durch den Kopf, von oben nach unten. Diesen Weg nimmt sie auch, wenn sie durch die Geburt ins Leben tritt. Auch die Aufrichtekraft ergreift zuerst den Kopf: das Kind nimmt alle Kraft zusammen, um diesen zu heben. Jede Mutter eines Säuglings kann diesbezügliche Beobachtungen machen.

Es gibt in der Urfassung der Grimm'schen Märchen die kleine Erzählung *Die weiße Taube*, von der ich glaube, dass sie von solchen Nacht- und Aufwachprozessen berichtet, wie sie soeben beschrieben worden sind:

«Vor eines Königs Palast stand ein prächtiger Birnbaum, der trug jedes Jahr die schönsten Früchte, aber wenn sie reif waren, wurden sie in einer Nacht alle geholt, und kein Mensch wusste, wer es getan hatte. Der König aber hatte drei Söhne, davon ward der jüngste für einfältig gehalten und hieß der Dummling. Da befahl der König dem ältesten, er solle ein Jahr lang alle Nacht unter dem Baum wachen, damit der Dieb einmal entdeckt werde. Der tat das auch und wachte alle Nacht, der Baum blühte und war ganz voll von Früchten, und wie sie anfingen, reif zu werden, wachte er noch fleißiger, und endlich waren sie ganz reif und sollten am nächsten Tag abgebrochen werden. In der letzten Nacht aber überfiel ihn ein Schlaf, und er schlief ein, und wie er aufwachte, waren alle Früchte fort und nur die Blätter noch übrig.»

Es handelt sich hier um ein typisches Dreibrüdermärchen. So können wir uns denken, dass es auch dem zweiten Bruder nicht besser ging und erst der dritte, obwohl Dummling genannt, in der Lage war, sich in der letzten Nacht des Schlafes zu erwehren und zu beobachten, was geschah.

«Da sah er, wie eine weiße Taube geflogen kam, eine Birne nach der andern abpickte und forttrug. Und als sie mit der letzten fortflog, stand der Dummling auf und ging ihr nach.» – Es ist interessant, dass er sich nicht sofort auf den Weg macht, sondern er wartet bis zum Ende, bis zum Morgen. Dann erst ist es Zeit, den Nachtzustand zu verlassen und das Leibeshaus zu beziehen. Man kann an die schon erwähnte Art der Rosenkreuzer, die Nachtkräfte bei der Erkenntnissuche zu Hilfe zu nehmen, denken.

«Die Taube flog auf einen hohen Berg und verschwand auf einmal in einem Felsenritz. Der Dummling sah sich um, da stand ein kleines graues Männchen neben ihm, zu dem sprach er ‹Gott gesegne dich›. – ‹Gott hat mich gesegnet in diesem Augenblick durch diese deine Worte›, antwortete das Männchen, ‹denn sie haben mich erlöst. Steig du in den Felsen hinab, da wirst du dein Glück finden.› Der Dummling trat in den Felsen, viele Stufen führten ihn hinunter, und wie er unten hinkam, sah er die weiße Taube ganz von Spinnweben umstrickt und zugewebt. Wie sie ihn aber erblickte, brach sie durch, und als sie den letzten Faden zerrissen, stand eine schöne Prinzessin vor ihm, die hatte er auch erlöst, und sie ward seine Gemahlin und er ein reicher König und regierte sein Land mit Weisheit.»

Mir scheint, wir können im Bilde des Berges mit dem Felsenritz, neben dem ein graues Männlein steht, sehr wohl den menschlichen Kopf sehen. Der Kopf, so haben wir vernommen, ist der natürliche Wohnsitz der Taube.

Die süßen Früchte der Nacht sind alle in diesen Berg getragen worden. Dort kann der Mensch sich mit der Taube verbinden. Sie wird seine Gemahlin und er ein reicher König, der sein Land in Weisheit regiert.

Was tun die Täubchen tagsüber? Sagen uns die Märchen auch darüber etwas? Das bekannteste Märchen über die Tauben ist zweifellos das vom *Aschenputtel.*[168]

«Die guten ins Töpfchen, die schlechten ins Kröpfchen.» – Das klingt für viele Menschen noch nach aus den Kindertagen. Die Tauben sind Lehrer im Unterscheidungsvermögen, sie können gut und schlecht unterscheiden. Nicht das Mädchen selbst erscheint hier in Taubengestalt, es hat aber eine innige Beziehung zu den weißen Vöglein, die ihm alles, was es sich wünscht, vom Haselbäumchen auf das Grab ihrer lieben Mutter fallen lassen.

«Bäumchen rüttel dich und schüttel dich,
wirf Gold und Silber über mich.»

Auf diese Weise wird sie an aufeinanderfolgenden Abenden aus einer Küchenmagd in eine Prinzessin verwandelt und kann den königlichen Ball besuchen. Als sie danach immer rasch enteilt und der Königssohn sie sucht, schaut er zuerst im Taubenhaus, das nächste Mal im Birnbaum. Schließlich erkennt er sie an dem zierlichen Schuh, mit dem sie den Boden der Wirklichkeit betritt.

Im Märchen *Die Alte im Walde*[169] wird ein Mädchen von Räubern überfallen und lebt elend und einsam im Wald, bis ein weißes Täubchen erscheint, das ihr ein goldenes Schlüsselchen bringt, durch das sie sich nun Nahrung, ein Bett und Kleider aus den umstehenden Bäumen «erschließen» kann. So kann sie längere Zeit ruhig dort leben. Endlich verwandelt sich auch noch ein Baum in einen schönen Königssohn. «Und sie heirateten sich und lebten glücklich.»

Wir können auch im Bilde der Taube die geistigen Kräfte des Weltenraumes sehen, die ätherischen Strömungen des Kosmos, aus denen die Märchenbilder auf uns herabströmen.

Wir haben bereits das Motiv der Schwanenjungfrauen besprochen. In dem russischen Märchen *Der König des Meeres und Wassilissa, die Allweise*[170] erscheinen statt der Schwäne Tauben. Der Königssohn Johannes, hinter einem Johannisbeerbusch versteckt, belauscht die zwölf Töchter des Meerkönigs, die als weiße Täubchen geflogen kommen. Auf ihrer Spur fliegt die dreizehnte, die schöne Wassilissa. Von dieser raubt er das Vogelgewand, damit sie nicht mehr fortfliegen kann. Er bringt sie dazu, dass sie ihm ihr Ringlein schenkt und sich dadurch mit ihm verbindet. Er muss hinunter unter die Wellen ins Reich des Meereskönigs, aber Wassilissa hilft ihm bei den schweren Prüfungen, die ihr Vater ihm auferlegt. Danach feiern sie Hochzeit und leben eine Zeitlang zusammen im Reich unter dem Wasser.

Dann aber bekommt er Heimweh, und sie entfliehen zusammen «heim ins heilige Russland». Im Märchen birgt der Weg zurück oft ganz besondere Schwierigkeiten. Etwas Entsprechendes wird uns auch in Rudolf Steiners

Mysteriendrama *Die Pforte der Einweihung* vorgeführt. Die beiden Wissenschaftler Capesius und Strader kommen dort in die elementarische Welt und begegnen dem «Herrn der Elemente». Und hier wird ihnen gesagt: «Wenn ihr den Weg zurück nicht findet, gedeiht ihr nimmermehr.» Es geht eben nicht nur darum, übersinnliche Erlebnisse zu haben, sondern sich hinterher wieder problemlos ins Alltagsleben integrieren zu können.

Als Iwan Zarewitsch und Wassilissa entfliehen, bricht eine furchtbare Verfolgung aus. Der König des Meeres will sie wieder einfangen. Es findet das statt, was man im Märchen «Die magische Flucht» nennt. Sie endet damit, dass der Königssohn, kurz ehe sie zu Hause ankommen, zu Wassilissa spricht: «Erwarte mich in diesem Wäldchen, ich will zuerst gehen und mich vor Vater und Mutter verneigen.»

«Du wirst mich vergessen, Königssohn Johannes.»

«Nein, ich vergesse dich nicht.»

«Königssohn Johannes, sage das nicht, du wirst mich vergessen. Denke an mich wenigstens dann, wenn zwei Täubchen an dein Fenster pochen.»

Natürlich geschieht, was Wassilissa vorausgesehen hat. Dies Motiv des Vergessens kommt ziemlich häufig in den Märchen vor, und es ist nur zu verstehen, wenn man bedenkt, dass es sich um keinen realen Vorgang, sondern um einen Bewusstseinswandel handelt, wie wir ihn täglich beim Aufwachen erleben. Vielleicht haben wir in der Nacht sehr bedeutsame Erlebnisse gehabt, aber beim Aufwachen haben wir sie einfach vergessen.

Wassilissa geht traurig in die Stadt und verdingt sich bei einer Opferbrotbäckerin. Und als sie eines Tages hört, dass Königssohn Johannes Hochzeit mit einer anderen Braut machen wird, formt sie zwei Täubchen aus Teig und bäckt sie im Backofen. Als sie fertig gebacken sind, klatscht sie in die Hände und, husch, fliegen sie fort. Sie fliegen zum Schloss und pochen mit ihren Schnäbelchen ans Fenster des Königssohns. Da kommt dem Johannes die Erinnerung zurück und er sucht und findet seine liebe Wassilissa wieder.

Die Taubenbotschaft ist die Inspiration, die Nachricht von der kosmischen Braut, der man wenigstens dann Gehör schenken sollte, wenn sie an unser Fenster pocht.

Anmerkungen

1 Siehe den Themenband: Rudolf Steiner: *Die Welt der Märchen.* Ausgewählte Texte, herausgegeben und kommentiert von Almut Bockemühl, Basel 2006.
2 *Exkurse in das Gebiet des Markus-Evangeliums,* GA 124.
3 GA 93, Vortrag vom 22. Mai 1905.
4 Max Lüthi: *«Es war einmal …» Vom Wesen des Volksmärchens,* Göttingen 1977, S. 110.
5 *Wie erwirbt man sich Verständnis für die geistige Welt?,* GA 154, S. 130, 17. April 1914.
6 *Philosophie und Anthroposophie,* GA 35, Bologna, 8. April 1911.
7 Johann Karl August Musäus: *Volksmärchen der Deutschen,* aus dem «Vorbericht an Herrn David Runkel», Zürich 1974.
8 *Esoterische Betrachtungen karmischer Zusammenhänge,* Band 3, GA 237, S. 69.
9 Hier sind zu nennen für Norwegen Jörgen Moe und P. C. Asbjörnsen, für Schweden Hylten Cavallius und George Stephens. In der Bretagne sammelten Emile Souvestre und I. M. Luzel, in der Gascogne J. F. Bladé, in Rumänien Petre Ispirescu, in Bulgarien K. A. Sapkarev und in Russland A. N. Afanasjev.
10 Siehe oben
11 *Mein Lebensgang* (GA 28).
12 Siehe dazu: Almut Bockemühl: *«… das Herz eine Weile in den Kopf hinauffahren lassen.» Rudolf Steiners Märchendichtung,* Dornach 2010.
13 Zitiert nach Felix Karlinger: *Wege der Märchenforschung,* Darmstadt 1973.
14 *Die Mission der neuen Geistesoffenbarung,* GA 127, 19. Dezember 1911.
15 *Esoterische Betrachtungen karmischer Zusammenhänge,* Band 4, GA 238, Vortrag vom 23. September 1924.
16 *Die Beantwortung von Welt- und Lebensfragen durch Anthroposophie,* GA 108, 26. Dezember 1908.
17 *Exkurse in das Gebiet des Markus-Evangeliums,* GA 124.
18 GA 131.
19 Vgl. Kapitel: «Die Erkenntnis der höheren Welten», GA 13.
20 *Das esoterische Christentum …,* GA 130.
21 *Die Mission der neuen Geistesoffenbarung,* GA 127.
22 *Ergebnisse der Geistesforschung,* GA 62.
23 Ebd.
24 Paul Zaunert in Rudolf Steiner: *Die Welt der Märchen* (MdW), a. a. O., Kapitel «Deutsche Märchen seit Grimm».

25 Siehe MdW, a.a.O., Kapitel «Ukrainische Märchen». «*Wer die Märchen ersinnt.*»
26 *Die Entstehung und Entwicklung der Eurythmie*, GA 277 a.
27 F. M. Renschle, *An der Grenze einer neuen Welt*, Stuttgart 1977, S. 50.
28 *Exkurse in das Gebiet des Markus-Evangeliums*, GA 124, S. 207.
29 Vgl. Max Lüthi: *Volksmärchen und Volkssagen*, Bern 1961, oder ders.: *Märchen*, Stuttgart 1962.
30 GA 227, S. 41.
31 Ebd.
32 *Die Mission der neuen Geistesoffenbarung*, GA 127, S. 205.
33 Siehe Anmerkung 31.
34 Adalbert Stifter, Werkausgabe, Stuttgart/Hamburg.
35 Siehe GA 62.
36 *Wie erwirbt man sich Verständnis für die geistige Welt?*, GA 154, S. 129.
37 Jacob Böhme, zitiert nach Rudolf Steiner: *Erdenwissen und Himmelserkenntnis*, GA 221, S. 28.
38 Rudolf Steiner: *Die Rätsel der Philosophie*, GA 18, S. 37.
39 Aus: Grimm: *Deutsche Sagen*, Leipzig 1908.
40 *Anthroposophische Leitsätze*, GA 26.
41 Ebd., S. 195.
42 Rainer Wehse, «Volkskundliche Erzählerforschung», in: Rainer Wehse (Hg.), *Märchenerzähler – Erzählgemeinschaft*, Röth, Kassel 1983, S. 7.
43 In GA 124, a. a. O.
44 Ebd., Einzelheft, S. 24.
45 Dazu, wie die Rosenkreuzer in der akademischen Geschichtsforschung gesehen werden, sei verwiesen auf den von Carlos Gilly herausgegebenen Band *Rosenkreuz als europäisches Phänomen im 17. Jahrhundert*, Stuttgart 2001.
46 Gustav Krüger: *Die Rosenkreuzer. Ein Überblick*, Berlin 1932, S. 22.
47 Gegenwärtig sieht man in einem Tübinger Freundeskreis, zu dem außer Andreae (1584–1654), dem Verfasser der *Chymischen Hochzeit*, auch als hochverehrter väterlicher Freund, Bruder und Inspirator Tobias Hess (1558–1614) gehörte, die ursprüngliche Rosenkreuzer-Bruderschaft. Den Namen «Christian Rosenkreutz» deutet man entweder als Pseudonym für Tobias Hess oder eine «Mysteriengestalt».
48 Siehe Carlos Gilly, a. a. O., S. 383.
49 Siehe Rudolf Steiner: *Anthroposophie und Rosenkreuzertum*, herausgegeben und ausgewählt von Andreas Neider, Dornach 2007.
50 GA 233, Seite 133.
51 Die Bruderschaft der Rosenkreuzer, Esoterische Texte hrsg. von Gerhard Wehr, Köln 1984, S. 64.
52 *Das esoterische Christentum und die geistige Führung der Menschheit*, GA 130, Vortrag vom 28. September 1911, S. 69.
53 Siehe Anmerkung 56, S. 36.

54 *Die Weltgeschichte in anthroposophischer Beleuchtung …*, GA 233, Vortrag vom 13. Januar 1924.
55 Goethe, *Faust II*, 1. Akt, «Finstere Galerie».
56 Zum Astrallicht, GA 101, S. 149; GA 233, S. 226 f.; Zur Akashachronik: Andreas Neider «Lesen in der Akashachronik», Ausgewählte Texte Rudolf Steiners, Dornach 2008.
57 *Esoterische Betrachtungen karmischer Zusammenhänge*, GA 237, S. 119.
58 *Die spirituellen Hintergründe der äußeren Welt …*, GA 177, S. 112.
59 *Ursprungsimpulse der Geisteswissenschaft*, GA 96, S. 137.
60 Vgl. *Die Erkenntnis des Übersinnlichen in unserer Zeit und deren Bedeutung für das heutige Leben*, GA 55, S. 184.
61 *Das Initiaten-Bewusstsein*, GA 243, S. 201.
62 *Anthroposophie, ihre Erkenntniswurzeln und Lebensfrüchte*, GA 78.
63 Rudolf Geiger: *Goethes Märchen – Bilder einer konkreten Utopie*, Stuttgart 1993; Dietrich Spitta: *Goethes Einweihung und sein Märchen von der grünen Schlange und der schönen Lilie*, Stuttgart 2008; Almut Bockemühl: «Die Brücke der grünen Schlange», in: *Selbstfindung und Muttersein im Leben der Frau*, Stuttgart 1989.
64 *Anthroposophische Leitsätze*, Dornach 1954, GA 26, S. 221.
65 Kinder- und Hausmärchen der Brüder Grimm (KHM) 6.
66 *Die Weltgeschichte in anthroposophischer Beleuchtung …*, GA 233, Vortrag vom 5. Januar 1924.
67 *Das esoterische Christentum und die geistige Führung der Menschheit*, GA 130, Vortrag vom 28. September 1911.
68 *Mysteriengestaltungen*, GA 232, S. 187.
69 Novalis, Geistliche Lieder, Nr. 11.
70 Kapitel über den «Bewusstseinszusammenhang zum Beginn der Neuzeit».
71 *Die Welträtsel und die Anthroposophie*, GA 54, S. 508.
72 A. a. O., GA 54, S. 509.
73 GA 130, 28. September 1911.
74 Siehe *Lebendiges Naturerkennen. Intellektueller Sündenfall und spirituelle Sündenerhebung*, GA 220, S. 43.
75 Vgl. Josef Haltrich: *Sächsische Volksmärchen aus Siebenbürgen*, Bukarest 1978.
76 Josef Haltrich: a. a. O.
77 *Die Kormorane von Ut-Röst, Norwegische Märchen*, Stuttgart 1965.
78 MdW: *Deutsche Märchen seit Grimm.*
79 KHM 65.
80 KHM 12.
81 KHM 136.
82 In: *Jorga der* Tapfere. Rumänische Volksmärchen, Stuttgart 1991.
83 *Wege ins andere Land*, Stuttgart 1972.
84 Die Heinzelmännchen zu Köln, Berlin 1989.

85 GA 220, S. 113.
86 GA 230, S. 123.
87 *Das esoterische Christentum und die geistige Führung der Menschheit*, GA 130, S. 31.
88 Goethe: *Briefe aus der Schweiz*, 3. Oktober 1779.
89 Rudolf Steiner: *Entsprechungen zwischen Mikrokosmos und Makrokosmos*, GA 201, S. 241.
90 Aus dem *Anthroposophischen Seelenkalender* von Rudolf Steiner, auch in: *Wahrspruchworte*, GA 40.
91 Rudolf Steiner: *Wege zu einem neuen Baustil*, GA 286, 26. Juli 1914.
92 In: *Die Kormorane von Ut-Röst, Norwegische Märchen*, Stuttgart 1965.
93 KHM 13.
94 KHM 91.
95 KHM 165.
96 In: *Der Mann in allen Farben, Südfranzösische Volksmärchen*, Stuttgart 2000.
97 Erzählt nach Rudolf Geiger: *Märchen der Völker in Ost, West, Nord, Süd*, Stuttgart 1992.
98 *Ergebnisse der Geistesforschung*, GA 62.
99 KHM 193.
100 Asbjörnsen und Moe: *Norwegische Volksmärchen*, Gesamtausgabe der EMG, 2. Band, Bad Karlshafen 2003. Oder: Almut Bockemühl: *Sinnesbilder – Seelenbilder*, Stuttgart 1997, Anhang.
101 MdW, Norwegen.
102 Friedel Lenz: *Iwan – Johannes, Russische Märchen*, Stuttgart 1957.
103 KHM 24.
104 *Ägyptische Mythen und Mysterien*, GA 106, 11. Vortrag.
105 KHM 181.
106 Vgl. *Der Mensch als Zusammenklang des schaffenden, bildenden und gestaltenden Weltenwortes*, GA 230, 8. Vortrag.
107 *Märchen aus Bulgarien*, Frankfurt 1977.
108 MdW.
109 *Wege ins Andere Land. Serbische Volksmärchen und Legenden*, Stuttgart 1972.
110 Siehe auch in: Rudolf Steiner: *Die Welt der Märchen*, hrsg. von Almut Bockemühl, Dornach 2006.
111 Siehe dazu Rudolf Steiner: *Der Jahreskreislauf als Atmungsvorgang der Erde*, GA 223, S. 34.
112 Siehe Friedel Lenz (Hg.): *Iwan – Johannes. Russische Märchen*: «Das Wasser des Lebens und die süßen Äpfel der Jugend», Stuttgart 1988.
113 In: *Die Kormorane von Ut-Röst. Norwegische Märchen*, Stuttgart 1965.
114 MdW. Deutsche Märchen seit Grimm.
115 KHM 63.
116 KHM 193.

117 GA 59.
118 GA 124.
119 KHM 64.
120 KHM 97.
121 Grimms Märchen in der Urfassung.
122 KHM 57.
123 KHM 20.
124 KHM 183.
125 KHM 35.
126 MdW, *Französische Märchen*, Bd. 2.
127 *Die Mysterien des Morgenlandes und des Christentums*, GA 144, S. 74.
128 Dazu siehe MdW, *Märchen aus Frankreich*, Bd. 1.
129 *Wo und wie findet man den Geist?*, GA 57, Vortrag vom 6. Mai 1909.
130 Zu finden in Rudolf Steiner: *Die Welt der Märchen*, hrsg. von Almut Bockemühl, Dornach 2006.
131 KHM, Urfassung.
132 MdW, Schweiz.
133 Ogham-Verlag, Stuttgart 1980.
134 *Wo und wie findet man den Geist?*, GA 57.
135 Friedel Lenz (Hg.): *Iwan – Johannes, Russische Märchen*, Stuttgart 1988.
136 KHM 197.
137 KHM 36.
138 *Die geistige Vereinigung der Menschheit durch den Christus-Impuls*, GA 165, Vortrag vom 19. Dezember 1915.
139 KHM 85.
139a KHM 19.
140 Siehe Bastian Baan: *Der Herr der Elemente*, Stuttgart 2006.
141 *Wege ins Andere Land. Serbische Volksmärchen und Legenden*, Stuttgart 1972.
142 MdW, *Griechische Märchen.*
143 *Märchen aus der Gascogne*, Bd. II: Der Davidswagen.
144 MdW, *Inselmärchen des Mittelmeers.*
145 KHM 60.
146 Siehe Emil Bock: *Kindheit und Jugend Jesu*, Stuttgart 1994.
147 In: *Jorga der Tapfere. Rumänische Volksmärchen*, Stuttgart 1991.
148 Josef Haltrich: *Sächsische Volksmärchen aus Siebenbürgen*, Bukarest 1978.
149 KHM 97.
150 Zitiert nach *Apfelfrau & Nelkenmann: Zaubermärchen aus aller Welt*, Zytglogge & Oberhofen am Thunersee 2008.
151 KHM 197.
152 In: *Das kleine Welttheater*, Zug/Schweiz 1998.
153 Rudolf Steiner: *Das Initiaten-Bewusstsein*, GA 243, S. 66.
154 Stuttgart 1982.

155 KHM 6.

156 Nach *Norwegische Volksmärchen*, gesammelt von P. Asbjörnsen und Jörgen Moe, Bd. 2, «Der Begleiter», Berlin 2011.

157 «So leben sie noch heute», Betrachtungen zum Volksmärchen, Göttingen 1969, S. 86.

158 Rudolf Steiner: *Anthroposophische Leitsätze*, GA 26, erster Leitsatz.

159 Dänisch, nach einem Vortrag von Friedel Lenz.

160 KHM 135.

161 Siehe Fred Poeppig: *Ursymbole der Menschheit*, Freiburg 1972, S. 134.

162 *Exkurse in das Gebiet des Markus-Evangeliums*, GA 124, Vortrag «Rosenkreuzerisches Weistum in der Märchendichtung».

163 *Vorträge und Kurse über christlich-religiöses Wirken*, GA 342, S. 98.

164 In der Sammlung *Der Mann in allen Farben*, Stuttgart 2000, und in: MdW, *Französische Volksmärchen*, Jena 1923.

165 In: *Die Kormorane von Ut-Röst*, Stuttgart 1965.

166 Rudolf Steiner: *Das Verhältnis der Sternenwelt zum Menschen …*, GA 219, S. 193.

167 Frankfurt am Main 1988.

168 KHM 21.

169 KHM 123.

170 Friedel Lenz (Hg.): *Iwan – Johannes. Russische Märchen*, Stuttgart 1988.

Literatur (Abkürzungen)

GA – Rudolf Steiner Gesamtausgabe
KHM – Brüder Grimm Kinder- und Hausmärchen
MdW – Märchen der Weltliteratur, Diederichs-Verlag, Düsseldorf/Köln

Register der Märchen